# 中国中小企业国际合作案例

中国人民大学中小企业国际合作案例中心　主编

The Cases of Chinese Small and Medium-sized Enterprises'
International Cooperation

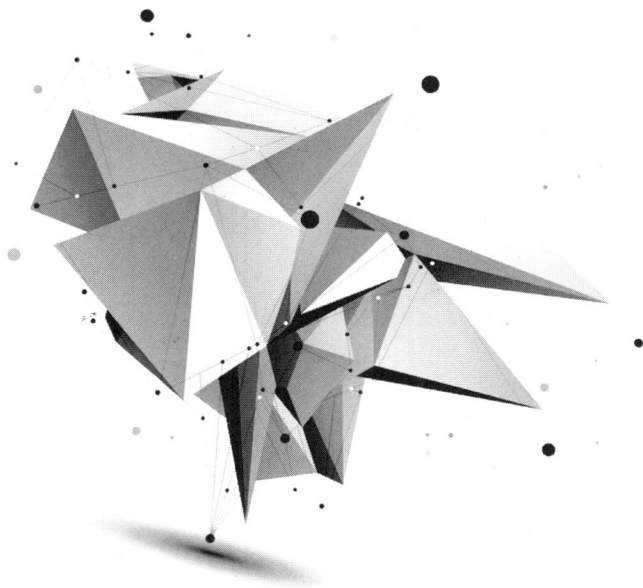

中国人民大学出版社
·北京·

# 序

　　2015年6月，中国人民大学中小企业国际合作案例中心成立。中国人民大学中小企业国际合作案例中心是中国人民大学与中国中小企业发展促进中心共同创建的首家覆盖全国中小企业的非营利性案例研究机构。从中国人民大学办学的角度看，案例中心的成立是加强研究生专业教育、为各行业培养高层次应用型人才的举措，案例中心建立了开放的教学体系，形成了与行业、企业紧密结合的人才培养机制；从中国中小企业发展促进中心的角度看，案例中心的建立有助于整合大学智力资源，通过案例调研形式进一步探索中小企业发展的规律，总结中小企业的发展经验和教训，以便为企业提供更好的政策和服务支持；从企业的角度看，中国人民大学专业工作团队的高质量调研，为样本企业带去了新的理念，使企业获得了宝贵的学术支持，同时也为企业履行社会责任、支持我国教育事业提供了机会。无疑，中国人民大学中小企业国际合作案例中心的成立既是教学模式的创新，也是产学研结合模式的创新，更是一种能够实现多赢的合作创新。

　　中小企业是我国经济和社会发展的重要力量，是实体经济的重要基础，在扩大社会就业、促进经济增长、推动科技创新、完善社会主义市场经济体制等方面发挥着不可替代的重要作用。支持中小企业的发展是党的十八大的要求，是关系民生和社会稳定的重大战略任务，具有全局和长远意义。

　　随着我国经济发展进入新常态，中小企业的发展面临着机遇和挑战。从长期看，我国经济社会发展基本面长期趋好，新型工业化、信息化持续推进，国内市场潜力巨大，产业体系更加完备，科技水平大幅提高，劳动力素质明显改善，这些都为中小企业的持续发展创造了条件。同时，随着大众创业、万众创新深入推进，特别是国家提出《中国制造2025》和推进"互联网＋"行动，中小企业的内生动力和活力进一步释放。但中小企业的发展中还存在不少困难，经济增速减缓，部分中小企业订单不足，生产经营状况仍不容乐观，企业盈利能力减弱。

本书收集了八个企业案例，这八个企业案例恰恰反映了新常态下中国经济转型时期的企业微观图景，讲述了企业在困难时期自发寻求创新转型的故事。故事中的八个主人公反映了我们今天企业家的总体面貌，体现了百折不挠的企业家精神。

首先，本书案例反映了时代背景，折射出中国企业，即便是传统行业的小企业也开始步入"互联网＋"时代。案例企业城市英语是初创的中小企业，自成立起就搭乘了互联网的快车，以专业的个人定制教学服务著称。案例企业新大东是进口韩国日化产品的中国经销商，在电商飞速发展和中韩自贸区扬帆起航的背景下，新大东开始在天猫、京东等第三方电商平台构建渠道，同时开始O2O的尝试。本书中的其他企业也开始涉及互联网转型，从案例素材中我们可以看出，转型中的中小企业在商务模式、产品选择、营销模式和品牌策略等方面都处于探索之中，可以说，本书呈现出了中小企业在互联网背景下"二次创业"的故事。

其次，企业创新精神可圈可点。北京兴科迪科技有限公司的案例讲述了企业家始终坚持产品创新，用知识产权保驾护航的故事。好想你公司的案例讲述了好想你把一颗红枣做成一个产业，在产品功能、质量、外观、生产流程等方面不断创新的故事。可贵的是，本书案例记录了直到2015年12月底的企业创新故事，在故事中好想你董事长石聚彬提出了大健康的产品理念。这一创新不是靠技术手段来实现的，而是将重点放在了人的价值上，意图引导人的思维和生活方式，其成果是新市场的开拓。在举国创新的时代，多数企业注重技术性创新，好想你提出了理念创新，号召健康的中国式的生活方式，并用自己的产品去引导这种生活方式，可以说，是对创新理论的补充。

再次，本书样本涉及的行业较为广泛，反映了中小企业发展的普遍性问题。2015年，中国人民大学中小企业国际合作案例中心组织专家奔赴辽宁、河南、山东、上海、广东等地参与案例的调研写作，涉及服装、汽车零部件、教育等多个行业。创域（国际）控股有限公司在 2008 年全球金融危机中严重受损，市场需求环境的恶化使公司传统发展模式困难重重。面临内忧外患的困境，公司寻找价值链的优势定位，完成了战略转型。精典博维文化传媒公司的案例讲述了中小企业的融资故事，反映了中小企业的融资智慧。

最后，本书案例反映了中国中小企业"走出去"的历史趋势。南方泵业是我国最早研发并规模化生产不锈钢冲压焊接离心泵的企业，凭借其独特的技术和优秀的自主品牌，依靠不断完善的营销服务网络，公司产品出口到了欧美六十多个国家和地区。该案例展示了一个行业领军民营企业的风貌。

本书是中国人民大学中小企业国际合作案例中心推出的第一本案例集，难免有不完善之处，请读者多提宝贵意见。

中国人民大学中小企业国际合作案例中心

2016 年 3 月

# 目　　录

# 好想你的产品创新和渠道选择

程大为[①]

2015 年 12 月 26 日，郑州嵩山南路，好想你枣业股份有限公司的红枣"1＋3"旗舰店隆重开业，这是中国"红枣司令"石聚彬推出的新一轮渠道抢滩的"旗舰"，也是好想你专卖店的 3.0 版，标志着好想你第三代专卖店的诞生。

石聚彬计划以"1＋3"渠道模式抢滩新市场，即在县级、地市级和省会级城市，都开设 100 平方米以上的红枣旗舰店，每家店均配有 3 辆标准化的移动展售车，做到渠道服务升级的自我转型，同时使好想你的"O2O"模式落地。在石聚彬的计划中，2016 年好想你要建立 100 余家"1＋3"旗舰店。

从 2000 年好想你在郑州开设第一家红枣专卖店起，历经十几年，专卖店模式经历过几次调整，石聚彬的这次转型升级能成功吗？虽然在 2015 年年底，好想你开启了抢滩第一步，但如何保证抢滩计划成功落实，这一问题仍萦绕在石聚彬的脑海中。

好想你枣业股份有限公司始创于 1992 年，是一家全产业链型公司，从上游的红枣种植到产品加工，再到下游对渠道终端的掌控，好想你具有独特的优势，已成为红枣行业的龙头企业。截至目前，好想你已建立河南新郑、河北沧州、新疆若羌、新疆阿克苏四个生产加工基地，自建原料基地面积为

　　① 本案例的项目参与者包括胡杲乾、腾格尔、朱卫江、张忆濛、梁竞恒、江碧婷。本项目得到了中国人民大学中小企业国际合作案例中心的资助，项目组两次赴河南好想你公司调研，均得到石聚彬董事长的接待，一并感谢。

8 000余亩，连续七年全国销量领先，成为红枣行业规模最大、技术最先进、产品种类最多、销售网络覆盖最全、辐射带动最广、市场占有率最高的枣业企业。其商标被评为中国驰名商标，其品牌产品被农业部评为"中国品牌农产品"。好想你公司先后获得了国家农业产业化重点龙头企业、全国食品安全示范单位、全国食品行业优秀食品龙头企业、全国枣产业骨干龙头企业、河南省高成长性民营企业等多项荣誉。

从长期看，这样一个讲信用重质量的公司，其市场价值不容置疑。但是，这两年是好想你的磨合期，好想你做了产品和渠道的几次转型，效果并不理想。2014年好想你销售费用增幅达52.92%，股东的净利润同比下降了47.36%。石聚彬反复思考好想你产品和渠道中的问题，岁末推出的"1+3"模式应该是石聚彬谨慎的战略性调整。然而，这一模式会成功吗？

### 一、产品创新，做出一个产业

河南新郑灰枣以其皮薄、肉厚、核小、味甜受到人们青睐。红枣作为农产品，仅在街头巷尾或农贸市场上出售，自古以来没有形成产业。石聚彬，这位枣乡成长起来的企业家在创业之初就把自己的事业与新郑红枣紧密地联系在一起了，他要把一颗红枣做成一个产业，把他的公司做成一个品牌。

石聚彬靠什么使自己成为企业家，做出一个产业，做出品牌？

靠创新，首先是产品创新。产品创新是指创造某种新产品或对原来产品进行创新。罗伯特·库伯曾把产品创新归为六种类型：全新产品、新产品线、已有产品品种的补充、老产品的改进、重新定位的产品、降低成本的产品。然而好想你对产品创新有自己的理解。《好想你2013年报告》提出了五种创新，即原料的创新、配方的创新、生产工艺的创新、包装形式的创新和产品规格的创新。后来，石聚彬又加上了产品形状的创新。

这些创新的内涵是什么呢？石聚彬再熟悉不过了，讲起来滔滔不绝，就像大学里讲课的教授。原料的创新对食品加工业十分重要。要研发出性能更佳的产品，就需要在原料上进行创新，只有好的原材料才能做出好的产品。在原料上进行创新之后，如何将这些原料配合，发挥出最大效果是配方的创新的主要任务，其中涉及许多食物之间的"相生相克"的问题，需要进行大量的实践和求证。从原料的筛选、清洗到原料的处理、加工，如何既高效地完成这些过程，节约企业的成本，又不影响产品的质量，是对生产工艺的创新的挑战。同时，如何在完成配方的创新的条件下，合理提取原料的有效成分是生产工艺的创新的又一个层面。产品形状的创新也很重要。食品的形状影响着食品的食用体验，特别是零食行业，产品形状的新颖和方便有可能会引领消费热潮；反之，则有可能成为阻碍零食销售的致命因素。产品规格的创新也很重要，产品离不开质与量。规格不仅会给消费者带来不同的产品印象，而且对食品的存储储藏也有影响。食品的保质期受包装形式、包装材料的影响，要保障食品的质，需要包装形式的创新。更进一步，如何通过包装正确传达企业的产品理念，正确传达食品本身所具有的质量，是包装形式的创新所需要考虑的。好想你的产品创新思想可见图1。

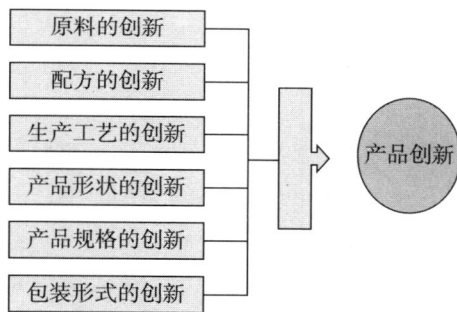

图1　好想你的产品创新

石聚彬之所以对产品创新讲得头头是道，不仅是因为他是这家公司的董事长兼总经理，而且是因为他本人就是一个不断创新产品的能工巧匠。

创业之初，为了解市场需求，研发新的枣产品，石聚彬多次到广州、上海等地访名师、求名家。功夫不负有心人，在深入市场走访中，他发现一种和阿胶一起加工的枣产品风靡深圳、广州、香港等地。他就想，怎么参照阿胶和枣的结合方法把河南鸡心枣与人参结合起来，把枣和人参的大补优势发挥出来？于是，公司组织技术骨干不断地试验，研发出了鸡心人参枣。1993年，包装素雅小巧的鸡心人参枣深受市场欢迎，成为公司的第一项专利。

有一次，石聚彬与一位朋友吃火锅，同席的朋友吃红枣时把核吐出来，不雅观，吃着又不方便，石聚彬就想，能不能生产出来一种让消费者吃起来方便的红枣产品。这激起了石聚彬创新的热情。回到公司，他就组织一个小组进行研制，经过一年，去核机终于造出来了。这是国内第一台红枣去核加工机，每小时可加工 130 公斤红枣。在那一年的广交会上，好想你的无核枣一炮打响，每吨卖到了 2.6 万元，还一抢而空，好想你的货都供应不上。不久，善于观察细节的石聚彬想出以小包装的形式把无核枣卖给消费者。思路一出，立即行动。经过研发、批量生产、测试，新产品上市了。食用方便的产品定位赢得了市场的极大认可。自主研发的去核枣成为畅销市场的"红枣大王"，不但占领了国内市场，而且销往东南亚、北美等地。

石聚彬常常和同事说，农产品就像农村姑娘，不但要漂亮，而且要会打扮，要让人耳目一新。枣片是石聚彬的又一个代表作，石聚彬把枣片做成口香糖的样式，烟盒式的外包装，采用果丹皮的类似工艺进行制造。好想你"口香糖"一经推出就成为市场新宠。

石聚彬倡导木本养生健康理念，尝试着把枣和其他木本作物结合起来创新产品。以好想你推出的木本养生健康食品为例，该产品采用 3 种草本粮和 4 种木本食品搭配，独特的技术配方在膳食调理方面填补了国内市场空白。

孙悟空有 72 变，石聚彬可比孙悟空的本领大得多，一颗小小的红枣，他竟然变出了几百种时尚、健康的系列产品，实在令人佩服。走进好想你的专卖店，满屋红彤彤，枣博士、枣脆片、枣汁……琳琅满目，让你眼花缭乱。好想你研发出了健康情去核系列、丽人红枣茶系列、夹心枣系列、红枣浓缩浆系列，以原枣为核心，纵向开发红枣深加工产品，横向拓展与红枣相关的品类，形成了包括原枣类、红枣深加工类、红枣相关类三大类别，涵盖原枣、去核枣、脆片、枣片、蜜饯、坚果等的 21 个品类 28 个系列 244 款产品的完整产品线。

枣还是那个新郑灰枣，不一样的思想，不一样的加工方式，不一样的包装，不一样的产品形式，好想你把一颗红枣做成了一个产业，卖出了价值。

在枣产品的创新过程中，石聚彬特别重视科技的作用。公司在研发资金上不遗余力地投入，为技术人员提供培训和出外学习的机会，帮助他们提高专业素质。在自主研发和科技创新方面，好想你公司是免洗红枣国家标准（GB/T 26150—2010）的主要起草单位，还拥有红枣自动去核机等加工机械方面的 2 项实用专利，84 项外观专利。气流粉碎（超微粉碎）技术、大枣多糖提取技术、真空低温连续干燥技术和花粉破壁技术等都具有自主知识产权。"好想你枣片"产品包装获得了"世界之星"国际包装设计大奖;"干制红枣"采用真空快速连续干燥技术生产,最大限度地保持了鲜枣的营养成分。

在枣产品的创新过程中,石聚彬坚持认为质量是基础,一切产品创新必须秉承"良心工程,道德产业"的核心价值观,坚持做食品就是做良心、做企业就是讲道德的原则。以产品生产工艺为例,红枣原料出库后,先经过大小、光泽、颜色、外形4道筛选工序进入医药生产标准万级净化车间,然后经过波浪、喷淋、针刺、毛刷等清洗工序,再经过烘干、晾干、臭氧杀菌等工序进入分拣、精选流程,最后经过装袋、称量、封口、装盒、打码、装箱、质检等共计18道工序,从严密的生产流程环节严把产品质量关。

市场需求领引着产品创新,石聚彬深深懂得这一点。他很注重观察市场的变化,不但自己去调查市场,而且总是通过门店进行消费者需求和消费行为的调查。他说专卖店和店员是他的手,人有了手才能拿杯子喝水,有了店员,你才能知道消费者喜欢购买什么产品,反复购买什么,多长时间购买一次,这些都是石聚彬要求门店店员必须掌握的信息。有时,石聚彬还通过问卷调查的方式了解消费者的需求。图2就是好想你的一次市场调查的结果。

从图2可以看到,养生、美食(味道)和美容是消费者追求的红枣的主要功能,而饮食配料、休闲零食是消费者喜欢的主要产品。这是好想你产品创新所坚持的方向。

从一颗红枣起步,到不断完善枣产品系列,创造出一个枣产业,可以说,在石聚彬眼中,好想你的DNA就是红枣,他从未离开过红枣。

## 二、渠道选择:寻找发展之路

2000年前后,好想你开始生产礼品枣。那时,有人质疑好想你的名字太土,而石聚彬认为,正是这个名字满足了送礼的需要,直接代表了送礼人的心思"我好想你",提上一袋好想你枣就是送礼人心意最好的表达。逐渐,河南乃至全国市场,把礼品枣和好想你联系在一起了,好想你这个品牌成了礼品枣的代名词。好想你根据红枣在礼品市场中的需求提炼出好

一、对哪种枣食品有兴趣
原枣（未加工过的）　　71.57%
枣片　　　　　　　　　0.98%
枣粉　　　　　　　　　0.98%
枣干　　　　　　　　　22.55%
枣酪　　　　　　　　　0.98%
其他　　　　　　　　　2.94%

二、怎样使用枣
休闲零食　　　　　　　　54.90%
饮食配料（做汤、粥等）　50.98%
冲枣茶　　　　　　　　　17.65%

三、吃枣的主要原因
补血养生　　　　　　　77.45%
味道好　　　　　　　　33.33%
受别人影响　　　　　　4.90%
美容养颜　　　　　　　21.59%

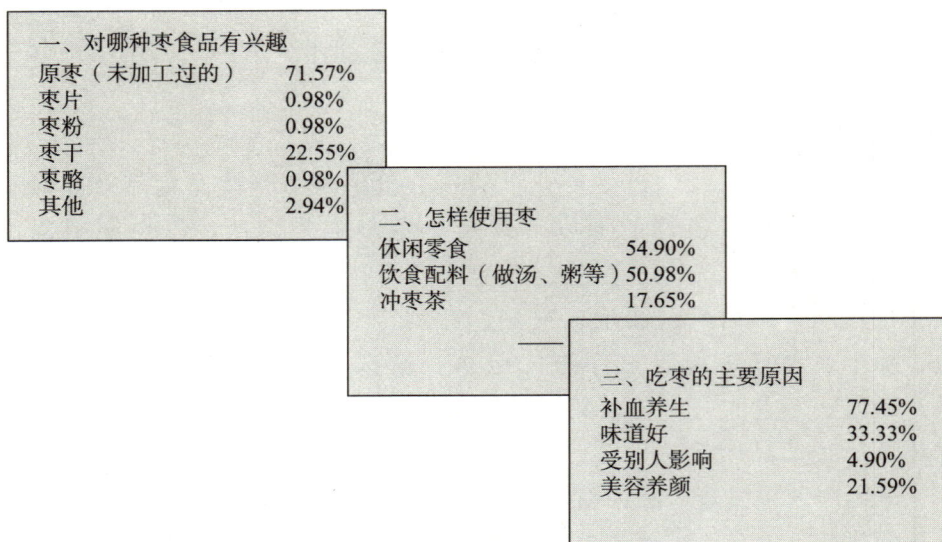

**图 2　好想你市场调查的结果**

想你"九送"：

好想你送父母，带去一份亲情，传递一种孝心

好想你送爱人，带去一份真情，传递一种永恒

好想你送孩子，带去一份关爱，传递一种期望

好想你送老师，带去一份崇敬，传递一种恩情

好想你送领导，带去一份尊敬，传递一种祝福

好想你送同学，带去一份回忆，传递一种思念

好想你送朋友，带去一份情谊，传递一种祝愿

好想你送战友，带去一份问候，传递一种牵挂

好想你送同事，带去一份友谊，传递一种真挚

卖礼品，要有卖礼品的渠道。渠道就是产品、服务从生产者向消费者转移过程中所经历的路径。好想你没有自己的商店，产品要别人代销，当时的公司销售总监说："给卖名烟名酒的店上货，在星级酒店的精品超市铺货。这样，外地人来带，本地人去送，作为河南的一张名片，就推出去了"。

　　眼看着自己的产品要拿到机场、星级酒店去卖，石聚彬不甘心，开始琢磨自建渠道。不过，他的思路刚一提出，就遭到许多人的质疑："一家专卖店，投入要二三十万元，不就是农产品吗？还要设专卖店？"公司的高管也无不担忧："公司一年收入也只不过几百万元，如果赔了怎么办？岂不是等于一年白干了？"业内同行更是冷嘲热讽，放言要看看石聚彬这次究竟能玩出什么花样。但石聚彬就是打定了主意，做专卖店就是要直接面对消费者的反馈，好想你就做高端，农产品也要提升附加值。

　　此时的石聚彬不无豪迈地说："卖豆腐、卖豆浆都开专卖店，卖枣为什么不能开专卖店？"石聚彬认为，专卖店模式不受商场超市的账期限制，资金周转灵活，分布在各地的专卖店，也是一个个户外广告，可以宣传好想你的产品。于是，2000 年，郑州市纬二路的第一家直营专卖店开张了。专卖店方便了老百姓购买，受到了欢迎。仅仅半年公司就收回了投资，好想你产品受到加盟店的追逐，当初的质疑早已变为敬佩。小小红枣，从农产品变成了礼品，从农贸市场走向专卖销售，枣被赋予了更多的价值。

　　到 2005 年，全国各地，好想你的专卖店铺天盖地地发展起来，其店铺布置也配合着礼品枣的高大上。一位好想你老店的店长回忆起那时候的情况还很感叹："大大的橱窗，我们在周围放上很多的装饰品，中间就突出一盒枣片，这样档次就推出来了。"

　　好想你精品专卖店的销售形式在农副产品销售行业开了先河。2009 年，CCTV2 商道栏目的"走进好想你商业模式"在全国引起了巨大反响。一时间，不仅各地客商纷纷要求加盟，而且有关商学院的专家也以好想你为例，就农产品直营模式进行了深入研究，复旦大学还将其作为典型案例收录于教科书。

　　21 世纪最初的十年是好想你专卖店迅速扩张的十年，2008 年年初，加盟专卖店已经发展到了 479 家，而截至 2010 年 12 月 31 日，好想你在全国 283 个城市开设了 1 819 家连锁专卖店，其中直营专卖店 12 家，连锁加盟店 1 807 家。全国各地星罗棋布的连锁加盟店支撑着好想你的业绩。2010 年，好想你通过特许经营模式实现的销售收入占总销售收入的比例为 91.86%，商场超市模式占比为 4.8%，直营专卖店模式占比为 1.61%（见图 3）。

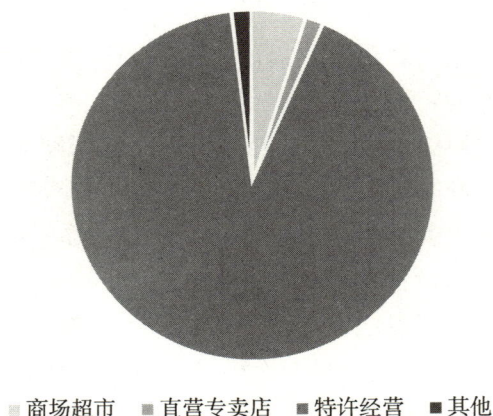

商场超市    直营专卖店    特许经营    其他

**图3    2010 年好想你各渠道销售收入占比情况**

正是因为这十年的大发展，好想你凭借其优良的红枣系列产品和渠道优势，具备了上市的条件。2011 年 5 月 20 日上午，深圳证券交易所，石聚彬一身红衣，敲响了好想你上市开盘的钟声。

2011 年好想你获得的股东净利润高达 112 512 551.06 元，从此以后，直到 2015 年，还没有哪一年的股东净利润达到了这个数字。这说明那时好想你选择的渠道模式是正确的。

上市后的好想你面临着意想不到的市场压力。

首先，投资机构和媒体的目光更为苛刻了。一家投资机构的分析师质疑好想你的价格定位和市场占有能力："枣这个行业比较特殊，是一个很分散的行业。从全国范围来讲，枣企业成千上万家，但是耳熟能详的品牌很少。这对于'好想你'扩大市场占有率既是机遇也是挑战。扩大市场占有率，看起来简单，但是真正做起来比较难。因为在市场极度分散的情况下，大家对品牌的关注度不高，全国各地的枣子小作坊比较多，价格才是取胜的关键。"投资机构的分析指出了红枣产业的竞争格局，即中小竞争者队伍庞大杂乱。不但如此，2011 年，中粮公司等大型企业也进入红枣市场，竞争进一步加剧。

其次，"八项规定"的出台。自 2012 年抑制三公消费的"八项规定"出台后，包括高端白酒、餐饮在内的多个行业遭受重创，也使将自身定位于商务礼品的好想你的业绩受到了影响，销量大幅下滑。

再次，电子商务的冲击。电子商务风起云涌，电商渠道越来越被消费者认可，京东、天猫、淘宝等充斥着各种廉价枣产品和假冒好想你的枣产品。假冒好想你的淘宝店铺最多时达446家，合计销售量为435 912袋，实际销售额为1 226.13万元。除了受到假冒产品的包抄外，好想你还在网上遭遇了良品铺子等休闲零食的挑战，良品铺子销售包括红枣在内的各种零食，成为好想你产品的主要竞争者。

最后，专卖店的管理没有跟上。上市前，好想你通过专卖店开展"圈地运动"，只要能卖好想你红枣，就授权，对其经济实力、资质、销售区域没有做严格审查。但是上市后，跟风开店的模式不再赚钱，店面管理出现危机，单店盈利能力下降，专卖店只顾短期利润，缺乏服务跟进，美誉度下降。另外，好想你向二三线城市扩张时遇到瓶颈，因为二三线城市相对一线城市来讲，收入和消费能力偏低，好想你产品定价过高。

在此背景下，好想你只有"变"才有出路。

2012年上半年，好想你开始渠道转型，由生产主导型企业向市场主导型企业转型，并兵分两路，一方面对产品进行重新定位，由礼品向时尚休闲食品转型；另一方面由单一的专卖店渠道向专卖店、商超、电商三大渠道转型，而重点是强力推进商超渠道。

好想你2012年10月份成立了商超部，开始进入商超系统，并重点开发郑州、上海、武汉、北京四个样板城市。进入商超的主战场放在了上海。每年投入广告费3 000万元。"向大家推荐一种全家都能吃的健康零食——好想你枣。"从2012年12月7日开始，上海市的电视、楼宇、公交、地铁等各条渠道开始被以"健康零食"为主题的好想你枣广告轰炸。广告片中的主角是好想你转型后新推出的500克、260克、60克三种规格的白色包装即食无核枣，这三款新品成为好想你渠道转型后商超渠道的主打产品。石聚彬的行动意志非常强，商超一仗打下来，好想你进驻乐购、世纪联华、沃尔玛、家乐福等1 500多家超市。

电商方面，公司在2011年年底就成立了电子商务部门，2013年2月正式成立子公司——郑州树上粮仓商贸有限公司，负责电商渠道的运营。好想你相继在天猫、京东、1号店等主流B2C平台上建立了电商官方旗舰店，结合分销，通过双十一、聚划算、年货大街等一系列营销活动，试图打造红枣行业电商全网渠道。

但是，负面的消息也不断传入石聚彬的耳朵里。2014年年底，好想你的商超负责人向石聚彬汇报，由于商超渠道费用支出巨大，其盈利状况不甚理想。以家乐福为例，其每家店的进场费用大约为1万元，每个标签的费用在2 000元左右，同时还有返点，再加上货架费用、特殊陈列费用、人员费用、促销费用……"这样算下来，销售公司方面在卖场渠道要亏损几个点"。

石聚彬亲自去调查，检验转型成果。上海商超负责人告诉他："好想你在上海的商超渠道促销力度大的时候，枣卖得好。促销时，260克规格的即食枣一度只卖20多元，当时消费者非常多，但是，促销活动结束、260克即食枣重新回到39.8元的价位后，一下子流失了很大一批顾客。所以，在'价'和'量'之间，在消费人群的定位上，好想你恐怕还需要好好权衡。"在对上海商超渠道的草根调研过程中，多位促销员也告诉他，"很多顾客试吃过后，都觉得好吃，但一看价格，还是觉得太贵了"。

可见，加大商超投入导致好想你公司总体销售费用连年上升，严重挤压了公司利润（见表1）。

**表1**　　　　　　　　　　　**好想你销售费用支出情况**

| 年度 | 销售费用（元） | 同比增减（%） |
| --- | --- | --- |
| 2011 | 53 777 141.89 | |
| 2012 | 106 157 709.59 | 94.4 |
| 2013 | 171 026 005.50 | 61.11 |
| 2014 | 261 190 939.85 | 52.72 |

销售费用的增加必定影响公司利润，石聚彬毕竟是一个铁骨铮铮的企业家，面对压力，他带领高管们，坚定地走下去，在困境中厮杀。

### 三、迈向新征程

好想你的产品创新和渠道选择还将继续，这是好想你人用他们的辛酸换来的继续。永远在思考、永远在图变的石聚彬在2015年，特别是2015年9月以后，提出了"一个理念、两个方向、'1+3'模式"，为好想你今后的发展指明了方向。这就是好想你的新起点，奔向百亿企业征程上的新起点。

一个理念，就是大健康的产品理念；两个方向，就是纵向的红枣生产和深加工，横向的红枣与五谷五果相结合；"1＋3"模式，就是一家标准专卖店配三辆由移动售货车改装而成的"好想你O2O移动专卖店"。

"一个理念、两个方向、'1＋3'模式"概述了产品创新和渠道选择的新思路。

理念的提出是创新的最高境界。产品功能、质量、外观、生产流程等方面的创新是传统的创新形式，靠技术管理手段来实现，其成果是强化企业在当前市场的竞争优势，其重点是产品竞争。理念创新的重点在于人的价值而不在于实物，它是引导人的思维的创新，其成果是新市场的开拓。理念创新需要对人的欲望、人的本性有充分理解，在人性基础上充分满足人的欲望，甚至创造新欲望。理念创新需要对文化有充分理解，要吃透文化这个古老的市场元素。理念创新通过推动新理念来创造价值，但要实现这一新理念，可能需要很多其他因素联合起来形成生态系统，即支持这一理念的消费系统和生产系统。

石聚彬提出了大健康的产品理念，这是超越实物的创新，是关心人本的创新，但是，这一创新需要一个支持大健康的生态系统，石聚彬的理念可行吗？

现在，我们一步步还原现实，看看2015年好想你的足迹。

2015年5月公布的《好想你2014年社会责任报告》就透露出好想你的意图：引领养生新革命、创造养生新模式、掀起生态养生新革命，好想你决心要做"卓越的食养生态企业"，成为"中国食养生活的开创者"，并且把2015年确定为好想你战略升级转型至"红枣＋健康零食＋食疗食养＋产品服务"的元年。

好想你不仅有大志宏图，而且说干就干。

2015年9月4日上午，中国农业产业联盟会议在好想你枣业举行，十多家原产地农产品龙头企业与好想你枣业签约合作，它们将以供应商身份为好想你枣业提供枸杞、大米等原料。

2015年9月4日下午，好想你枣业成立好想你精准食养研究院，由曾经服务于国家举重队和足球队的食养专家于雅婷担任院长，成员包括全国不同地区院校、机构、医院的三十多位食养专家。

2015 年 9 月 5 日下午，好想你举行新品发布会，好想你熟食枣和一大批迷你散装健康零食隆重亮相，不仅有去核枣、红枣脆片、枣片、夹心枣等枣类产品，而且有开心果、核桃等非枣类产品。

好想你到底想干什么？人们很困惑，媒体也有忧虑。一位食品行业分析人士对媒体讲，好想你走得有点偏，还有的干脆说好想你"不务正业"。

如何解开这个谜团？我们来看看石聚彬这个掌舵人是否要抛开红枣去"不务正业"呢？

石聚彬生于枣乡，创业起步于枣产品，手里掌握着红枣的生产供应渠道，开发了红枣系列产品，他怎么会抛开红枣去"不务正业"呢？《好想你枣业股份有限公司 2015 年半年度报告》强调了好想你的核心优势仍在红枣：一是中国红枣领导品牌优势，经过二十多年的发展和沉淀，好想你这一品牌已经深入人心，被消费者广泛认可；二是红枣全产业链优势，好想你由"生产、销售"走向"种植、冷藏保鲜、科技研发、生产加工、销售、观光旅游"的综合发展。表 2 显示，好想你的主要收入仍来自红枣。

表 2  红枣产品营业收入占全部收入的比重

| 年度 | 营业总收入（元） | 红枣产品营业收入（元） | 占比（%） |
| --- | --- | --- | --- |
| 2012 | 896 547 160 | 892 369 232 | 99.53 |
| 2013 | 908 637 723 | 900 037 723 | 99.05 |
| 2014 | 972 923 969 | 951 104 726 | 97.75 |
| 2015（1～6 月） | 579 326 167 | 548 846 440 | 94.73 |

那么，石聚彬讲了那么多食疗食养和大健康，目的是什么？

2015 年 12 月 15 日，石聚彬的一次谈话反映了其作为一名企业家的睿智。他说："我们要开创红枣标准食养生活方式，这是一个'概念性'的东西，只是理念。"你看看，他说得多明白！那么，是谁的理念呢？是石聚彬的产品理念。

产品理念是产品的灵魂，是生产产品时的指导思想，是生产所依据的信念、价值观和行为准则。产品的价值就在于给产品导入理念。

石聚彬这一年说了许多，干了许多，但他最大的贡献是他领会到了自己产品的内涵，提出了自己产品的理念，这就是大健康。大健康是好想你的产品理念，石聚彬做产品、卖产品又上了一个台阶。产品理念的提出是产品创新的终极形式，它包括了产品品类和产品定位的创新。

石聚彬提出了好想你的产品理念，他对此十分有把握。2015 年 12 月 14 日在一次谈话中，他说："大健康理念是哪些人需要的？偏偏是 40 后、50 后、60 后和 70 后。40 后正好是新中国成立以后，现在已经六七十岁的人群，他们正需要健康的保健理念，包括看相关书籍、接触相关知识，这都是他们这一群人需要的。再比如 50 后，现在许多还在各行各业的岗位上，他们的健康需求也是很大的。这一代人的子女的条件、自身的生活条件，让他们完全有能力解决健康的需求。但在大健康这个理念上，还没有人将它细分到这个程度。更何况还有 60 后、70 后。比如我就是 61 年出生的，还年轻力壮，不像原来，50 岁已经很老了，要退休了。现在呢，根据时代的变迁，人们在这方面已经彻底改变了。"

大健康是一种系统性的健康，石聚彬认为可以包括以下几个方面：首先是空气、水、饮食、行为四个方面，当这四个条件都成立之后，才有第五个方面，即健康快乐的心情。石聚彬希望将这些系统要素梳理出来，以便形成一个产业。

健康是一个发展的概念。生物医学模式下的传统健康观是"无病即健康"，现代的生物、心理和社会医学模式下的健康是指一个人在身体、精神、社会等方面都处于良好的状态。世界卫生组织对健康的定义是"健康乃是一种在身体上、心理上和社会上的完满状态"。现代人的健康包括躯体健康、心理健康、智力健康、道德健康、社会健康和环境健康，即能与所处的社会及自然环境保持协调关系。

石聚彬的大健康观明显区别于"无病即健康"的传统健康观，而接近世界卫生组织对健康的定义，这是现代的生物、心理、社会医学模式下的健康观。石聚彬所说的系统性就是世界卫生组织健康定义的全面性。

据有关调查，人均 GDP 达到 7 000 美元后，消费者的健康需求不断增加，追求生活质量与健康，越来越注重养生，食疗成为养生中最重要的一环。石聚彬敏锐地观察到了这一趋势，及时地提出了好想你的产品理念是大健康。

好想你的产品理念要向广大消费者传递，使每个消费者在购买好想你产品时，就意识到他是在购买健康。好想你的产品是健康产品，好想你的产业是健康产业。好想你凭借其产品和产业，引领养生新概念，创造大健康产业新模式，是大健康产业的开拓者。

在石聚彬的产品理念下，好想你产品的消费群体得到了拓展。除了80后、90后青年这一零食消费主体外，还扩大到了40后、50后、60后和70后。你看看，这是一个多么庞大的消费人群，市场一下子扩大了多少倍！红枣有一种招人喜欢的亲民品质，中华民族各族人民无论大人还是小孩都喜欢红枣。石聚彬的红枣产品理念使红枣重新回到亿万百姓生活之中。

产品定位即生产什么的问题，这也始终是好想你在思考的问题。2011年以前生产礼品，2012年以后主要定位于时尚休闲零食。休闲零食的定位要求好想你减少产品品类，毕竟，商超巨额的进场费用使企业无法卖花样繁多的产品。为了保证休闲食品定位的实现，好想你把原来的产品十大系列300多个品类大量砍掉，最后只保留了四大系列的100个品类。但这里的矛盾又突出了，好想你在全国各地开设的专卖店普遍感觉到好想你的产品品类少，不足以撑起门店，有的就偷偷卖起了其他品牌的零食。有股市分析师指出，好想你专卖店现在的问题"究其原因还在于产品结构不足以支持门店经营的需要"。

如何处理好零食和渠道的矛盾？好想你的高管们认为只有扩充渠道才能把零食做强。市场份额是好想你高管们的职业生涯中追求的目标。他们认可休闲零食的定位，而且要把休闲零食做大。他们认为要拉动互联网的流量和专卖店的进店人数必须扩充除好想你之外的产品，产品越全面，引流会越成功。以消费者为主是这些高管的另一个基本信念，是他们常说的"我们不会相信自己的认知，永远相信消费者的需要"。在他们的市场经验中，零食的主要消费者是18岁到29岁年轻女性，相对来说，这群人对于好吃的、时尚的东西是有追求的，这群人不会以吃货这个词为耻辱。

石聚彬支持进入零食市场，但他坚持只做健康零食。2015年12月14日，中国人民大学中国中小企业国际合作案例中心的调研师生问他一些知名品牌的休闲零食是否健康时，石聚彬的直率让人感到意外。他说："它们的产品与其说是不健康，不如说是垃圾产品。因为它们都是油炸的，还有添加剂。"对于年轻吃货，他用了一首打油诗来评价："吃货英雄真大胆，吃的东西没厂家。安全卫生都不怕，不知你吃为了啥"。石聚彬推崇大健康理念，他不是反对零食，而是反对不健康的零食。

2015年，石聚彬大健康的思想日益成熟，9月初，石聚彬一锤定音，提出了纵向深化和横向扩展的生产方针。他说："这是两个方向的交叉，健康零食主要依靠红枣产业加工的纵深化发展，为继续发展红枣产业提供基础。而食养则从横向为综合食养提供支持，这是大健康食品战略的种类化拓展。"两个方向的生产把好想你多年来纠缠不清的产品定位厘清了。如果把好想你的生产比做大海，那么，生产的两个方向就是定海神针。有了定海神针，好想你就再不必为生产什么而烦恼，再也不会因为产品定位的不断变动而给公司带来损失。生产的两个方向的确定非常重要，所以，2015年9月，石聚彬讲，这是公司"战略调整的重要信号"。

从好想你近几年的生产实践来看，生产的两个方向是有基础的，更是可行的。

从纵向看，好想你对红枣的深加工已经进入到了4.0版。1.0版就是原枣；2.0版就是去核枣；2.5版指的是经过加工改变原枣形状或与其他原料组合而成的红枣类产品，如红枣脆片和夹心枣；3.0版指的是经过多重工艺改变原枣形态的深加工产品，如红枣片、枣粉等；最新的4.0版指的是经过最新工艺提取、萃取红枣有益物质而开发的红枣深加工产品，如红枣饮料、红枣浓浆。

在横向扩展方面，好想你已经研制出58个品种，如好七粥系列。好想你要同与红枣相关的五谷五果品类如核桃、腰果、杏仁、松子、枸杞等一起发展，搭配成各种营养价值更高的健康食品。

当初就是过于细分的产品定位束缚了好想你的手脚，不论在观念上，还是在实际生产上，都被困在一个狭小的天地里。现在好了，石聚彬说了，生产纵向深加工可以无限发展下去，现在是做4.0版，将来可以做5.0版、6.0版。从红枣中可以提取环磷酸腺苷，这是日本科学家发现的，它比黄金还贵重。这个例子说明，红枣的纵向深加工是可以无限发展下去的。红枣向五谷五果横向发展也是无限的。我国可以为食的五谷五果数以千计，把这些食材开发出来，潜力也大得很。各种五谷五果与大枣进行不同组合搭配，好想你的产品创新前景无限。

石聚彬提出的两个方向的生产方针丰富了好想你的产品品类，围绕精准食养和健康零食两个方面，就可以大胆地往前走。相信不久后的将来，好想你会营造出一个大健康的生态系统，那时候，好想你将是大健康产业的领导者。图 4 是好想你大健康生态系统远景。

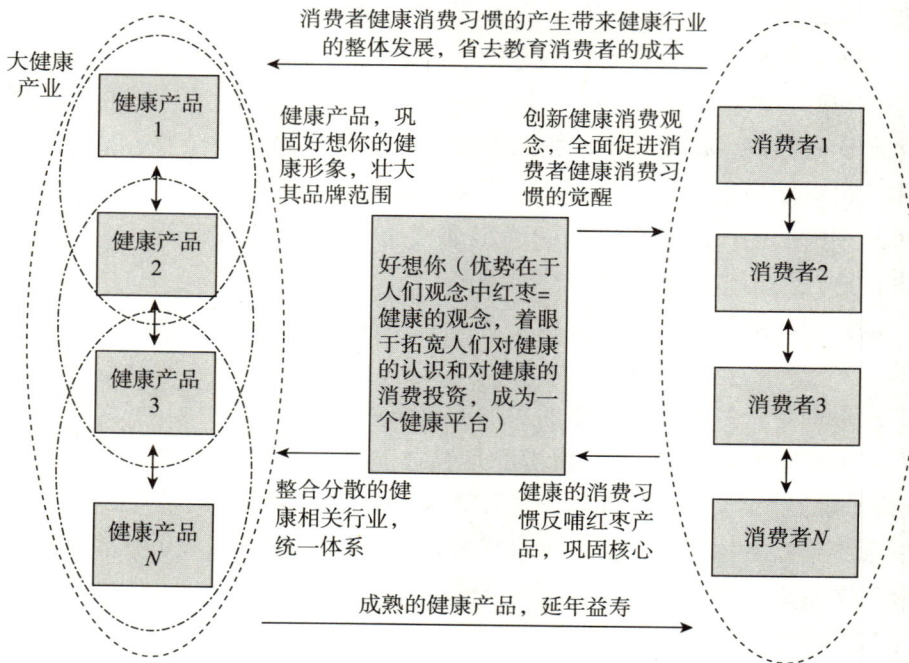

**图 4    好想你大健康生态系统远景**

渠道选择包括渠道模式的选择、渠道管理的选择和渠道功能的选择，其中渠道模式的选择是基础和首要的。好想你人从最初背着货去火车站、飞机场卖，到开设自己的专卖店，再到强力推进商超，经历了各种曲折和辛酸，他们终于认识到了应该选择的渠道模式。

2015 年 9 月，好想你坚定表态："1＋3"模式是公司连锁专卖渠道未来一段时间的核心工作，是公司长久以来研究专卖系统单店盈利模式、寻求发展方向的成果，同时也是公司销售工作的重中之重。

2015 年 12 月 26 日，好想你"1＋3"旗舰店开张。除此之外，好想你还花重金升级了零食专卖店好想你生活家。好想你生活家侧重健康零食（见图5），以以红枣为主原料的产品礼盒为上层核心产品，分商务礼品、类商务礼品、家用礼品、伴手礼盒和拼合礼品五种；中间层是五谷五果等与红枣强相关的食养产品，希望借此带动红枣的销量；以"健康零食好想你枣"为代表的低添加、健康、安全的零食为基础产品，盘活终端门店。好想你"1＋3"旗舰店主推红枣产品和食养，除现有红枣类产品之外，还将销售五谷杂粮草本类和五果木本类经过科学组合搭配的初加工产品（见图6）。

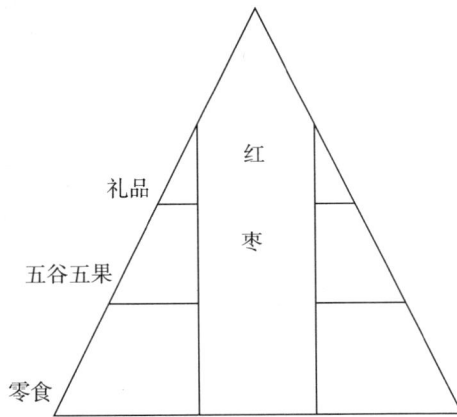

图5　生活家产品构成

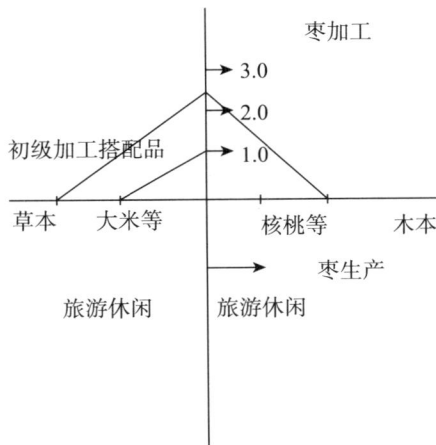

图6　"1＋3"旗舰店产品构成

石聚彬和高管们都认为，无论好想你生活家还是"1＋3"旗舰店，都是一个区域的社区销售中心，是一个终端品牌形象展示的窗口，是顾客体验中心，是物流配送和交易的平台。不但如此，作为一个区域的平台中心，专卖店应该把大量的精力放在店外的辐射推广上，通过互联网使 O2O 模式落地，通过小区推广、团购、老客户推荐等对专卖店所在区域的市场进行精耕，以促进销售，实现其市场份额的不断增长。为了建立以实体专卖店为核心的辐射销售网络，石聚彬双管齐下，一是为"1＋3"旗舰店配三辆流动售货车，实现地面辐射功能；二是公司成立互联网二部，专门负责 O2O 和会员建设，建立云商系统，整合移动互联网营销、社区营销、朋友圈直销、线上线下ERP 系统链接，形成网上下单、线下门店送货，最终实现具有好想你特色的 O2O 商务模式（见图 7）。

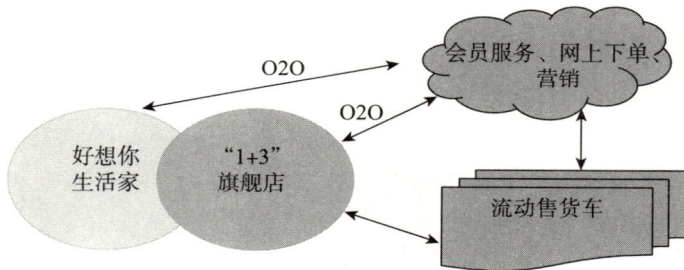

图 7　升级版专卖店的网络辐射

渠道管理是渠道选择的重要方面。2015 年年底，石聚彬有了新思路。做商超的，原来是打工的，现在变成公司授薪，让他们进行创业。根据一年的销量，定额度，公司给垫一定数量的周转资金，垫的钱一年必须周转三圈，如果达到，那么公司补贴 12％，比如销售收入为 100 万元，公司补助12 万元。高于三圈，补贴 18％。如果达到四圈，那么公司补助 24％，比原来高一倍。补贴的钱可以自由支配。当然这里面包括工资、利润，需要他们自己分配，就是让他们自己当老板。通过管理的创新，或许能给商超寻找到出路。

渠道功能的选择也是渠道选择的重要内容。特别是在产品同质化严重、同类产品竞争激烈的情况下，一些厂商通过提升渠道功能来创造价值。好想你由于不断创新产品，始终处于竞争的优势地位。但即使是这样，好想你始终是未雨绸缪，在其"1＋3"旗舰店和好想你生活家提升了渠道的宣传功能和服务功能。

从服务上看，两种店都是专卖店的升级版，提供了绝好的服务。在"1＋3"旗舰店，一进门就可以闻到枣香味，这是因为店内专门熬制了枣水，以营造枣香扑鼻的环境；此外，旗舰店还提供了消费者DIY做枣产品的开放区域，提供了消费者坐下来聊天的公共区域。生活家同样提供了类似的服务，咖啡、雅座和店员的贴身服务，让人感觉到现代生活的闲适优雅。

在网络环境上，"1＋3"旗舰店和生活家都是好想你O2O战略的落地体验馆，都提供会员云服务，消费者在这里可以通过扫描二维码成为会员，并享受会员服务。

石聚彬是一个爱动脑、爱琢磨的人，在渠道功能上，他还有许多好点子。2015年12月，在与中国人民大学中小企业国际合作案例中心调研组师生谈话时，他说："还有就是'功能性'的这些东西……我们要把我们的生产车间和基地前移，让消费者从我们专卖店和旗舰店就可以看到我们的原料，看到我们是怎么生产的。"那么，怎么才能让消费者看到呢？他说做LED屏，放在连锁店前面。让人们佩服的不仅是他设计出的方案，而且是他清楚地知道这些东西是功能性的，是属于渠道功能范畴的。石聚彬能够在自己的管理实践中仔细琢磨什么是概念性的东西，什么是功能性的东西，他对产品和渠道的阐述已经表明，他是一个地地道道的管理专家。

## 四、尾声

从1992年创业至今，石聚彬在产品创新和渠道选择上几经调整，反复揣摩。

2015年石聚彬重点打造专卖店渠道，而这一渠道，在石聚彬的总渠道战略中仅仅是一环。作为全产业链企业，经过二十几年的发展，好想你在红枣产业的上游资源方面占据优势，尤其是在种植、原料的掌控方面，因此，在市场价格的主动性方面很强。好想你的高管们认为，好想你的优势也在于渠道的打通。把终端渠道分成五个层级，第一层是交流（发广告、推送），第二层是交易（买卖），第三层是交货（店面购买还是上网点单、配送）。绝大多数终端都做得到这三个层级，主要精力也是这三个层级。第四层是造货（自己生产），第五层是货源（掌握货的源头），好想你把这五层全打通了，虽然基础各不相同，但是好想你有掌控全产业链的能力，这是非常强大的。

因此，在渠道环节上，全产业链企业是可以建立全渠道的，石聚彬要在批发、出口、商超、专卖店和电子商务五条渠道上发力（见图8）。

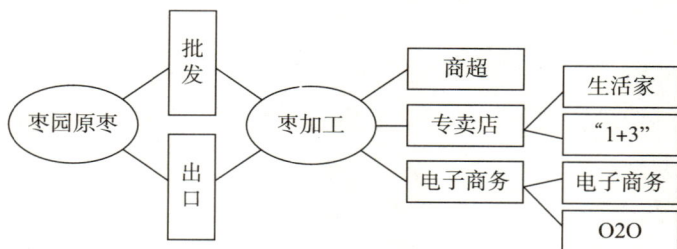

**图8　好想你的全渠道融合**

石聚彬希望做批发流通的想法很简单务实，他希望通过批发渠道了解枣行业的价格情况，争取行业定价权，对原料储备心中有数。对出口市场的扩展，石聚彬同样有信心，好想你在20世纪90年代做过出口，有一定经验。2012起布局商超，虽然商超进入成本高，好想你缺乏对价格的控制力，但这几年下来，商超逐步进入利润增长期。2015年，对专卖店模式的探索和调整已经初步完成，电子商务的模式设计基本清晰，这一切似乎都预示着一个美好的2016年。

红枣代表了健康零食和健康主食，现在进入了大健康时代，消费者对健康的概念更加重视。好想你一直经营高品质、健康的食品，正好赶上了这个好时代，需要做的就是把消费者的认知放大，把产品丰富起来，对渠道深耕细作。

石聚彬的全产业链渠道融合能实现吗？各渠道的产品如何做好定位和区分？

石聚彬已经有了初步想法："原来我们专卖店卖的是好想你，商超卖的也是好想你，这样就形成了对价格的一种冲击，使商超和专卖店打架。农副产品本身有不同的品级，这就需要渠道之间进行协调。例如，商超里面我们用红枣姐姐做品牌做高端，上面还有好想你的 logo，以红枣姐姐这个品牌为主。我要求就做十几个单品，不准做多，形成焦点。"

　　这一切不仅是蓝图，而且有具体的方案。那么，2016 年好想你要建立一百余家"1＋3"旗舰店，这个目标能完成吗？好想你的全渠道融合能做到吗？

# 从新大东到韩品在线①

胡　霞　郭　锐　丁　浩

　　新大东是进口韩国日化产品的领先企业，是韩国希杰狮王（CJ LION）、爱童舒（ATO Safe）、双龙纸、KM 制药（啵乐乐 Pororo）等产品的中国独家经销商。在移动互联网电商飞速发展和中韩自贸区扬帆起航的背景下，新大东进一步成立了韩货垂直电商山东韩品在线有限公司，并在天猫、京东、融 e 购、苏宁易购等第三方电商平台上发力。作为中小企业，新大东的产品选择、营销模式和品牌策略的成功之道是什么？新大东为何选择通过建立垂直电商平台韩品在线来"二次创业"？

　　新大东的销售模式是从韩国工厂进口商品，进驻超市进行销售，业绩一直不错。虽然这十年里电子商务一直在发展，但新大东的负责人刘本昌从没觉得对自己的企业有什么威胁，直到两年多前，他才深深地感到了危机。"1号店用 51 分钟多一点的时间，就卖完 100 个集装箱共 200 万盒牛奶。宁波70 多家花王纸尿裤代理商，在 1 年内就因跨境电商锐减到十余家……"刘本昌真切地感受到，"互联网＋"的威力真真切切地震撼着传统贸易商。过去一次进出口贸易的完成，是从生产商、进口商、国内代理商、传统超市再到消费者手中，而跨境电商直接从国外生产商、运营商、网络平台到消费者手中，价格降了很多，这会挤掉传统进口商的饭碗。例如在电商飞速发展之前，国内的厂家要拿货，一定会经过新大东。但是跨境电商的发展使厂家能

　　① 本项目得到了中国人民大学中小企业国际合作案例中心的资助，还得到了新大东公司刘本昌董事长的大力支持，在此一并致谢。

绕过新大东而直接拿到货，业务量随之受到了不小的冲击。跨境电商大发展的背景下，新大东需要转型吗？如何转型？刘本昌陷入了深深的思考！

## 一、公司历程：刘本昌的商海浮沉

2015 年 5 月 19 日，山东新大东有限公司总经理刘本昌带领来自全国各地的客人穿过上海美博会熙熙攘攘的人流。自几天前美博会开幕以来，带领宾客参观公司的产品已成为他日程表上的一个固定安排。在此次美博会上，新大东及其子公司山东韩品在线有限公司共开辟了六个独立展位，展出了包括米时代等品牌在内的多款产品，为公司的未来发展带来了更多的合作。2016 年上海美博会，韩品在线进一步增加到十多个展位。

自 2000 年 10 月 19 日威海大东贸易有限公司成立时起，新大东在刘本昌的率领下一路高歌猛进，经历了一系列的注资、成立分公司等过程，终于成为中国经营韩国日化用品的领先企业。目前，新大东在北京、上海、广州等地拥有多家分公司，是韩国希杰狮王（CJ LION）、爱童舒（ATO Safe）、双龙纸（其黄土卫生纸被评为韩国十大生活用品之一）、KM 制药（啵乐乐Pororo）等产品的中国独家经销商，现在开始特约经销英国的生活日化用品，产品销往全国各地高档超市、高档专卖店、高档社区店及电视购物渠道，并开通了天猫、京东、融 e 购、苏宁易购等第三方电商平台渠道。2015 年的销售总额达到了 6 000 万元，在全国韩国日化用品经销商中处于领先地位。

### （一）从职业经理人到自主创业

新大东在成立之初只有不到 10 人的运营团队，作为总经理的刘本昌，他的个人经历与领导决策在公司的发展过程中起到了十分重要的作用。作为一个土生土长的威海人，刘本昌亲历了中韩两国在威海进行国际贸易的发展过程。总的来说，中韩经贸关系的发展始于 20 世纪 70 年代末。1978 年十一届三中全会后，中国实行改革开放政策，为中韩两国尘封已久的经贸关系的发展打开了空隙。一些居住在香港的韩国侨民和驻港韩国商社的部分下层职员，利用中国对外开放的机会，开展小规模的间接贸易。中韩两国从贸易和投资形态上看，属于典型的互补型。从贸易领域上看，韩国最初主要向中国出口黑白电视机与纤维类产品，并从中国进口原油、煤炭及原纱等。建交以后，韩国对华出口商品以化工产品、电器产品等为主。

对于威海而言，1990 年，伴随着金桥轮从仁川缓缓驶入威海，山东在全国率先打开了对韩开放的大门。这是中韩两国间第一条海上航线，它的出现比中韩建交还早了两年。营运初期，船上乘客最少时只有 18 名，集装箱甚至出现过空载的情况。但是中韩正式建交后，这种情况开始转变。最初坐船的乘客主要是前来淘金的韩国人。他们背上三四十公斤重的麻袋，就在威海码头上售卖韩国产的领带、皮鞋。那时我国尚处于计划经济体制下，商品供不应求。随着韩国商品大量涌入，威海建起了国内第一座韩国商品城。

1985 年，刘本昌以十分优异的成绩考入中国人民大学国际经济系，学习国际贸易等理论知识。毕业之后，他被分到威海市进出口公司，从事对韩农副产品的出口工作。由于这个时期中韩还未正式建交，很多的对韩贸易都是在中国香港进行，为了近距离接触韩货交易过程，1989 年至 1992 年，刘本昌来到中国香港生活。在这段时间里，刘本昌不仅通过教授国际贸易获得了不菲的收入，而且敏锐地意识到了内地厨卫等用品与韩国方面的差距，这也为他后来努力打造"厨房革命""卫生间革命"奠定了基础。

自香港回来之后，刘本昌进入威海市医药外贸总公司担任总经理。然而在这期间的工作并不成功，1999 年，威海市医药外贸总公司因各方面的原因破产倒闭。总结在担任总经理时期的工作，刘本昌发现不成功的原因包括两个方面："一是公司资金不足，缺乏足够的资金融通渠道，导致公司货物的周转期限太长，没办法高效地产生利润；二是自身没有管理公司的经验，虽然我自己有很强的业务管理能力，但作为公司的老总，需要有运筹帷幄、决胜千里的大智慧，更重要的是统筹全局，管理外部存在的困难"。刘本昌深刻反省了自身存在的问题，吸收有用的经验，逐渐形成了具有个人特色的、有效的管理手段。威海市医药外贸总公司倒闭后，刘本昌也失去了自己的工作。

但此时正值中韩建交之初，中韩两国贸易势头正劲，刘本昌下定决心成立了威海大东贸易有限公司，主要从事出口贸易。然而由于对两国贸易环境和新形势不了解，刘本昌先摔了几个跟头。

一开始，刘本昌对韩出口黄花鱼、粉条等威海特产。几笔业务下来，原本抽检品质合格的产品到了客户手里却出了岔子。国内的黄花鱼是按箱出口，而韩国市场上是按条来卖。出口时这边抽检没有问题，可韩国客户拆开却发现一箱鱼有大有小，品质不一。"掺杂的小鱼让客户对我们失去了信任。"那个年代生产厂家没有进出口资格，贸易公司只有进出口资格却没有自己的工厂。作为出口商的他没法掌握供货商，产品品质很难把控。这对刘本昌触动很大。"我认真地验货，不仅没挣着钱，而且在韩国朋友眼中成了坏人。"同时，他也意识到，作为一家出口公司，如果没有自己的生产能力，那么就没有足够的竞争能力，在进行贸易时很容易被工厂与出口商的直接勾结给淘汰出局。而当时刘本昌也没有足够的资金和能力再开工厂，因此他进行了第一次转型——由出口公司转型为进口公司。

从事进口工作，需要找到合适的合作伙伴。希杰是韩国最大的食品公司，控制着韩国食糖的半壁江山。当时希杰希望向中国出口牛肉粉，但在营口通关时出现了问题，于是找到刘本昌帮忙解决。在给该公司做通关代理时，刘本昌发现了商机。这家公司出口到中国的牛肉粉，三个集装箱100万元的货，竟然在两三天就销售一空。于是，他做起了希杰公司在山东的食品销售总代理。

当时，国内快速消费品行业刚刚起步，刘本昌代理的韩国品牌快速消费品，像香蕉牛奶、韩国红参、杏仁糖、大麦茶、辛拉面、清酒以及解酒饮料等都是韩国的优势特产，他将这些商品销售到青岛、烟台、威海、大连、沈阳等地的旅游景点、港口的韩国商品超市。这些在当时的国内还是新鲜玩意的商品让他赚得了第一桶金。2000年左右，韩国希杰公司想将日化用品销往中国市场。刘本昌的嗅觉再次被刺激。

20世纪90年代在香港工作时，刘本昌就看到内地厨房、卫生间用品和国外的巨大差距，曾想到要挖掘这个巨大的市场。这次，希杰公司的想法和他10年前所想不谋而合。"我的一个原则就是，不跟风。"在刘本昌看来，"就像把鞋子卖给不穿鞋的人一样"，内地市场的空白让他看到的是机会。但市场是需要培育的，当时国内消费水平较低，韩货消费还处于萌芽阶段，即便如此，刘本昌还是着手开始进行韩货的销售和推广。

刘本昌先把客户瞄准了在青岛、烟台、威海工作、生活的韩国人。他一边把韩货销往青岛、烟台、威海、大连、沈阳等旅游城市的韩国特产超市，一边开发韩资企业。他观察到韩国人非常认可本国商品，于是将代理的韩国日用品销售给这些韩国企业作为员工福利。在代理韩国日化用品之初，希杰公司对他提出了一个条件：要做国内总代理，一年至少要销售1个集装箱，即大约1万美元的货。可谁都没想到，刘本昌第一批1.2万美元的韩货，不到3个月就销售一空。

市场一步步扩大后，刘本昌开始真正将"鞋子卖给不穿鞋的人"。"当时很多中国人还不知道、不了解韩国的优质日化用品，怎么推广？先从送开始。"刘本昌的推广方法便是如此。周围的亲戚、朋友、商业伙伴等圈子里的人，他见人就送，同时开拓国内企业团购市场，"用着好，那你以后就用我的东西；觉得不错，那你以后可以卖我的东西；这挺新鲜，那你的公司福利可以发我的东西。这些人都可以帮我推广我的货。"当越来越多的人认可韩国日化用品后，他着手一步步把摊子做大。当时，国内二三线城市的消费水平还跟不上，刘本昌从一线城市开始进军，进口在韩国市场有竞争力的产品。那么如何选择合适的营销模式呢？新大东采用了二级代理商模式，即利用二级代理商线下的分销、配送和新品推广优势来销售新大东进口的韩货产品，尽管增加了终端销售的成本，但不用自身参与渠道管理，同时，有助于共同承担经营风险，并分享带来的额外收益。

2006年，新大东的商品开始进驻上海久光百货、第一八佰伴，北京燕莎、王府井，南京金鹰国际购物中心等精品超市，销路逐渐扩大，分公司也持续增多。2013年，刘本昌把目标定位扩大到中高端消费群体，商品陆续摆在了全国各地的沃尔玛、家乐福、麦德龙等卖场。现在，新大东公司一个月能销售30多个集装箱的韩货。从当时把韩货卖给在中国的韩国人，卖给用过韩货的高端消费群体，到卖给没用过韩货的中国普通老百姓，再到销往全国的超市卖场，刘本昌始终认为，市场需要培育，要做市场的引领者，让跟风者疲于奔命你才安全，跟风走永远抢不到商机。

**（二）战略转型，打造韩品在线O2O模式**

2015年6月1日，历时近三年谈判的《中韩自贸协定》正式签署，并于12月20日正式生效和第一次降税，2016年1月1日第二次降税。中韩自贸区是中国迄今为止涉及国别贸易额最大、覆盖领域最广的自贸区。在货物贸易方面，中国最终将有91%的产品对韩国取消关税，覆盖自韩国进口额的85%。同时，韩国最终将有92%的产品对中国取消关税，覆盖自中国进口额的 91%。《中韩自贸协定》创新性地引入地方经济合作条款，明确将中国威海市和韩国仁川自由经济区作为地方经济合作示范区，发挥示范和引导作用，威海将成为韩国商品辐射全国的黄金通道和重要集散地。2015 年 3 月 3 日，威海率先开通了中韩海运跨境电商一般出口业务，成为全国首个开通跨境电商的非试点城市。这不仅能为两国货物贸易提供制度保障，而且有助于拓展电子商务、节能环保、金融服务等新兴战略服务领域的合作，共同构建一个规范稳定可预期的框架。2016 年 3 月，国务院批复威海成为全国第一批服务贸易改革试点城市。

其实上，近年来随着中韩自贸区发展的升温，从事二十多年对韩贸易的刘本昌感受到的不仅仅是机遇。"有利好，有挑战。"他意识到，环境利好让门槛降低，未来会有很多的企业进入中韩商贸领域，竞争必然更为激烈。此外，跨境电商大浪来袭，让走传统商业渠道的他感到挑战与竞争，如果再不借着自贸区的东风发展电商，那么新大东传统贸易的利润空间极有可能受到很大的挤压。所以一直奉行"抢到先机就是抢到商机"的刘本昌开始转型——由传统商超转型为线上、线下结合的"互联网＋"经营模式。

其实早在 2005 年，刘本昌就已经尝试进驻淘宝商城，但当时商超销售很好，而淘宝销售并不好，于是被迫将淘宝店关闭。随着电商的飞速发展，在 2013 年年初刘本昌又开始搞电商，现在拥有了天猫、京东的旗舰店和专营店，但天猫旗舰店的销量依然较少，刘本昌百思不得其解。于是，刘本昌奔赴大江南北，并去韩国学习，去韩国大量调研。王教授让他明确了建立专业化的韩国居家产品平台的目标，教给了他打通线上线下资源的思维方式和软件开发方向（"千万计划"的雏形），以及离岸产业园的运作模式和未来五年的发展方向，即要"快"字当头，迅速复制体验馆模式，装入大量不同类目的商品；姚先生告诉他电商必须与金融相结合；李总让他知道做电商圈子的重要性；义乌淘宝村和淘宝村之父贾教授教会了他大学生创客空间的路线图，了解了教、学、行三合一的重要性、紧迫性和可行性；张区长告诉他互联网只有老大没有老二，互联网无法追赶；林老板分享了他十年的电商历程和企业管理心得及团队建设体会，进一步帮他理顺了电商发展思路；清华大学孙教授建议他用活二维码等。终于在 2015 年 5 月 9 号，刘本昌找到了答案，韩都衣舍给了他这样的指点："如果企业一把手不真正地重视，那么哪怕你把电子商务当做一个关键部门、战略性部门来做，没有授予足够的决策权，这家企业的电子商务也绝不可能成功。"刘本昌这才豁然开朗。他意识到，从 2013 年开始，新大东虽然成立了电商团队，但并没有真正地放手让电商团队做，电商团队的决策高度不够，没有办法对电子商务的发展进行决策，所以必须成立专门的公司。"要勇于实践，晚上做梦指挥千军万马，早上无作为，最终还是钉鞋匠一个。"因此，为适应电商的发展，尤其是跨境电商和移动电商的超高速发展，针对《中韩自贸协定》中五大类产品关税要降为零的政策，刘本昌利用自己在韩国拥有众多厂商资源的优势，以及中国对韩国家居用品的关税减免规定，2015 年 5 月 28 日，刘本昌率领新的电子商务团队专门成立了山东韩品在线有限公司，并开始实施 3.0 进口大战略，增加类目，增加爆品，不再追求所有产品的独家代理，即左手做独家经销的产品，右手做没有独家保护的爆品。还将原有的法人公司更名为北京超岛网络科技有限公司，其职能主要是对接天猫、京东、唯品会、聚美优品、当当网等电商平台。韩品在线在威海市温泉镇莱茵小镇中经营韩品在线©韩式生活 O2O 体验馆及保税进口直销中心，消费者不仅可以在现代化的韩国真实的生活场景里体验使用婚纱摄影、家具、装潢等产品，而且可以在新大东自有的进口直购店以在线价格购买产品。刘本昌认为："电商是圈子文化，要与平台真切沟通创新模式，要在北京、杭州设立办事处，引智引圈子。"对于电子商务，刘本昌从最开始的"听不懂、问不出"到现在的"电商专家"，是他到杭州、上海、韩国等地不断寻找"学者和电商运营专家"，持续"拜师学艺"的结果。

山东韩品在线有限公司的关键在于"厨房革命"和"卫生间革命"，公司的宗旨是基于"互联网＋"思维，通过国内电商、移动电商、跨境电商及电视购物等主要在线渠道对韩国居家产品和文化进行推广，提高国内消费者的生活质量，协助培养更好的生活习惯和居家文明，促进国内的有关产业融合升级。

韩品在线项目分为线下展示体验和线上平台交易两部分，真实再现韩国生活场景。

2015 年 12 月 31 日，韩国生活场景使用性体验中心开业，总建筑面积为 3 200 平方米，开业当天，中央一台、山东卫视、山东齐鲁、威海台、新华社、《经济日报》及韩国媒体等进行了大量的报道。山东省两会期间《大众日报》也做了特别报道。韩式生活O2O体验馆主要分为保税进口直销中心、多功能中心、大学生创客空间、韩国生活场景馆四大版块，创造时尚新颖的韩国商品交易与购物体验，此即"千万计划"的雏形，通过新大东现有的全国线下一千家经销商在一万个终端上让消费者了解韩品在线的网上商城的联系方式，通过导购员让新大东现有的进口用品消费者关注二维码，进而转化为韩品在线其他类别进口品的消费者，通过网上商城系统对终端、经销商和导购员进行佣金分成，实现线下线上的信息流的真正畅通。

刘本昌认为："企业自身要参与人才的培养，电商要与合格的高校联合培养，等人才过来是死路一条。"因此，韩品在线精心打造的大学生创客空间是未来人才培养和发展的重要平台。

线上交易部分已开通韩品在线自营平台，届时完全可以支持全国首创的"千万计划"项目和移动电商三级分销系统。现在已入驻天猫、京东、融e购、苏宁易购等九家第三方购物平台，并通过国内电商、跨境电商、移动电商及电视购物等方式进行推广，力图通过专业的电商运营团队，不断调整营销策略，通过精准营销提高交易转化率。由于韩品在线还致力于打造网络品牌化营销模式，即通过品牌和产品规范网络销售渠道，以用户服务中心为服务端，通过微商等渠道对网络分销商、经销商进行统一品牌管理、订单管理、产品管理等，将零散式的个人销售化零为整，最终实现统一的互联网营销网络。为在跨境电商大潮中占一席之地，新大东正在调研开发跨境电商第三方平台，吸收韩品商家入驻，打造韩国产品专业垂直规模化平台，计划2016年招商100家。

**（三）转型永不眠：韩品在线2.0和3.0畅想**

"电商只有老大，没有老二。"随着经营模式的发展转型，韩品在线也不断升级经营理念。除了已开业的体验馆的1.0计划外，韩品在线正在依托现有的7 000平方米厂房，实施TOP50韩国文化创业产业园的2.0计划，即在各级政府和韩国贸易馆的支持下，筛选50家韩国企业入驻，独家代理其开发中国市场。该计划的特点是：产业园不是单纯的产品交易平台，而是总部经济的产业园，聚焦韩国特色产业输出中国，能给威海带来系统性价值，力争在国家发改委和商务部的扶持下，打造中韩自贸区下中国第一个特色电商小镇示范项目。2016 年下半年开始征地建设韩国商品发布中心，2017 年开始实施 3.0 计划，建设占地 27 亩的韩国发布中心，包括单层面积为 5 000 平方米的立体仓库，一层冷链食品仓库，一层仓储式销售商场（奥特莱斯），一层韩国总部办公区，一层自有办公区，一层韩国体验式公寓，一层新产品多功能发布中心，整个计划预计总投资 1 亿元。这种跨界融合的电商运营模式将形成带动电子商务、仓储物流、休闲购物、文化交流一体化发展的蝴蝶效应，计划利用五年时间将威海韩国商品发布中心打造成韩国新品中国领先发布窗口之一。

## 二、成功秘诀：三大因素奠定成功基础

回顾这些年来的经历，刘本昌认为以下三个因素是新大东成功的基础：(1) 选择行业与产品是起步的关键；(2) 开创"0.5＋5"的独家经销模式；(3) 拥有自主品牌才能形成核心竞争力。

### （一）选择行业与产品是起步的关键

在成立新大东之初，究竟从事哪个行业、进口哪些产品是摆在刘本昌面前的难题。因为经销商最好经销一个方面或者一个品类的产品，如果把目标定得大而全，那么极有可能哪个方面都顾及不到，反而降低自身的竞争力。

当时，威海的中小型企业进口的韩国产品主要是服装以及一些快速消费品。在快速消费品中，食品饮料的销量较大，利润较大，个人护理等家居日化用品的销量反而不大。这是因为食品饮料的产品周转周期更短，价格相对更低。反观日化用品，其销售会受到使用时间的限制，更重要的是由于当时人们的消费水平有限，能买得起韩国日化品的家庭并不多，所以做日化品进口的经销商很少。但即使如此，刘本昌依然选择了日化用品行业。

刘本昌认为，市场需要培养，当人们的生活质量提升后，肯定会优先选择进口的产品。20 世纪 90 年代初，他亲身体验了国内外卫生间和厨房用品的巨大差距，他开始考虑引领一场"厨房卫生间革命"。通过比较中韩两国的日化用品，发现韩品更具优势：韩国日化用品的功能更细化，如洗洁精的功能，韩国将其分为洗油渍、洗蔬菜、洗菜板、洗水果、洗奶瓶嘴等，分类齐全，可针对性地使用；韩国日化用品的包装设计精美，颜色更协调、更时尚，如米时代系列的香皂，采用红蓝黄等多种颜色的线条进行勾勒，将时尚

尽收于一个小方盒内；韩国日化用品的设计更人性化，如为防止儿童牙刷被孩子不慎摔落而粘上灰尘，它们采用不倒翁的设计，将新奇与人性结合在一起；如此等等。因此，经过反复的调研分析，刘本昌十分肯定，在未来，韩国日化用品的市场一定会有很大的发展。于是，他做出了进入日化用品行业的决策。这么多年来新大东的成绩也证明了这个决策的正确性。

在选择产品方面，刘本昌也有自己的心得，他认为只有在韩国销售得好的产品在中国才有可能销售得很好。因此，他自始至终只选择在韩国市场有竞争力的产品。"首先，你在韩国的品牌中间要有一席之地；其次，你在韩国的各大超市得有销售；另外，你在行业内的市场份额得占前三。不然我不会进口你。"利用这种选择方法，不仅省去了甄选商品的成本，而且能为国人挑选到适合的商品。"只要是用着舒服的、在韩国销量高的，哪怕价格贵一些也没问题，一定要坚定信心，抢先形成自己的进口品牌，如果等他人都做了再去随大流，那么就一定会被市场淘汰。"刘本昌在决定进口一款价格比较贵的可涤黄土卫生纸（CODI）时有着这样的观点："虽然现阶段这种纸很贵，普通家庭消费不起。但随着生活水平的提高，当人们消费能力提高后，这种纸会让人体会到上厕所是一种享受。到那时，黄土卫生纸的市场可就被我占领了"。总之，新大东致力于培育自己的产品优势，并将其转变为销售量，真正确立起企业的竞争优势。利用这些方法选择产品，新大东在每个阶段都能够获得畅销的日化产品，从而成为中国经营韩国日化用品的领先企业。

### （二）开创"0.5＋5"的独家经销模式

刘本昌认为，新大东能够做到全国领先，采用独家经销这个经营模式非常重要。如果没有获得独家经销的资格，那么就无法控制价格，利润肯定会降低。新大东可以通过价格杠杆获得较高的利润，从而更紧密地维系与厂商的合作伙伴关系。在追求经济利益的同时，新大东也希望通过独家经销尽可能地降低企业营销策略随意变动产生的经营风险，降低新大东被上游企业"分手"的可能性，增强新大东的经营信心，继续加大市场投入力度，获得相应的回报。同样，对于韩国方面来说，它们也会因为独家经销而获利。韩国企业采用独家经销制，使得一个区域市场内只有唯一的、占有垄断地位的经销商。这不仅可以避免国外各经销商在分散经营时可能发生的相互碰头和竞争的情况，有助于稳定出口商品的销售价格，而且能够调动独家经销商的积极性，有利于巩固、发展市场和扩大销路，同时，还便于按照独家经销协议的要求，有计划地安排出口商品的生产和组织出口货源，销售量也可以得到一定的保证。不仅如此，独家经销也可以避免后期由于经销商众多而造成的利益纠纷，以及由此而导致的市场下滑的局面。

因此，刘本昌在与韩国许多企业进行商谈时，均明确表示要做全国总代理，否则就不进口该企业的产品。然而一开始，很多的韩国企业并不希望在中国仅仅有新大东一个代理商。韩国人的惯性思维是庞大的中国市场是一个巨大的商机，一个山东省的市场就可以和韩国整个国家的市场相匹敌，在中国只设一个全国总经销不足以拓展市场，于是在各地设平级经销商。可这种模式却并不适合中国，中国商人最擅长打价格战，当下诚信度也不高。在市场尚未成熟时，各地经销商承受不住销售压力纷纷压价竞争，这样的恶性竞争不仅没有开发出新的市场，反而成了自相残杀。在刘本昌看来，韩国人很敬业，对产品质量和服务都精益求精，但他们也有缺点。"看韩剧常听到，韩国朋友的口头禅'巴里巴里'（快点快点）。他们是急性子。"刘本昌认为，这种急性子体现为不少韩国贸易伙伴急于快速开发市场见到利润，对庞大的中国市场往往缺少培育和等待的耐心。

经过多年的摸索，刘本昌开创了"0.5＋5"的独家经销模式，即先签署半年的独家代理的"试婚协议"，如果双方达成共识则签署五年的独家经销合同，包括每年必须完成的最低销售额、合理的年增长率等内容。如果当年没能履行合同，那么出口方可单方面终止合同或延续合同，基本上保证出口方的利益。一方面，"0.5＋5"的模式可以降低实验期内的不确定性，之前供应商担心经销商销售能力有限，经销商也无法保证产品的市场销售额，这些担心都可以在实验期内进行验证，为今后双方是否进行合作指明方向；另一方面，实验期内市场销售良好后签订五年的独家经销协议，有助于捆绑双方利益，这样供应商只需保障提供最好的产品，并不是去努力寻找更多的经销商，而是寻找一个合适的经销商，然后努力帮助其做大做强，这样做不仅能使企业减少在寻找经销商中产生的各种成本，而且能够维持一条稳定的销售渠道，增强自身的产品在代理区内的行业竞争力，经销商只需在协议中协商合适的销量，不用担心"随时分手"，这样的模式在实践中可达到双方共赢的局面。

**（三）拥有自主品牌才能形成核心竞争力**

在与韩国企业进行贸易的过程中，刘本昌深切感受到拥有自主品牌的重要性。"如果你自己不拥有自己的商标、自己的品牌，那么在和供货商博弈的过程中很容易被牵着鼻子走，而且很容易被'分手'。"刘本昌很喜欢用"分手"来形容二者合作中断的情况，因为他认为合作的双方应该是平等的、互利的，但是"如果你没有形成自己的商标，那么随着时间的发展，你就会发现，你和他没有在一起的可能，因为你始终处于被动，别人想'甩'你就'甩'你。"因此，刘本昌从八年前就开始有条不紊地落实自己的商标计划。

由于新大东是专营进口的公司，刘本昌在形成自己的品牌商标时，采用的方法是：依托"大款"和国外知名企业谈判，在将它们的产品进口到国内时，使用自己注册的中文或者英文的商标，国外生产商实际是 OEM 的代工方，在自己的商标被广大消费者所接受且知名度提高之后，可以不用担心被"甩"。"有了自主的品牌，公司就形成了自己的核心竞争力，可以自己到任何国家进行 OEM 生产，进而可以规避原来的合作伙伴把你'甩'了的意外风险。"

不仅如此，时刻以"东方"作为指导自己经营方向的刘本昌，还意识到了注册国际商标的重要性。"中国许多企业的管理人员过去对商标专用权的意义认识不足，缺乏商标专用权保护意识：有的人认为办理商标注册很麻烦，因而不愿去办理注册；有的人认为等自己的商品出了名再注册也不迟；还有的人认为自己的商品还不够销，注册不注册一个样。而忽视商标注册的结果是一些经过几十年甚至上百年努力树立起来的名牌商标和传统商标被他人抢先注册或者假冒，轻易占有。此外，中国商标在国外获得有效注册后，就能长期稳定占领国际市场，扩大销售量，保持良好信誉，进而成为驰名商标。如不及时注册，被人抢先注册，则结果是虽用了大量资金做广告，但毫无经济效益，反而是帮别人忙，给别人做宣传，为别人创了牌子。"在过去的八年里，新大东共注册了包括米时代、爱可酷她等在内的三十多个商标，其中已有十个商标成为威海市著名商标，米时代已具备申请山东省知名商标的资格，企业有了自主品牌竞争力。不仅如此，他还正在韩国注册其商标，韩国签署了《商标国际注册马德里协定》，可以在众多国家得到商标保护。

"自我品牌是你立身之本，自有平台是你生存之石"。

另外，在中小企业形成自主品牌的过程中，刘本昌推荐"轻资产、快发展"的模式，即将产品制造和零售分销业务外包，自身则集中于设计开发和市场推广等核心业务。传统的运营模式要经历开发、建设生产线、生产、市场推广等漫长的成长过程，还要面对资金紧张的困难，花费太大，周期太长。轻资产运营通过将部分环节转移出去，利用合作伙伴的相关经验和资金，大大缩短了企业被市场接受的时间，也减少了资金占用。走"轻资产、快发展"的道路需要注意两个关键点：品牌管理和客户关系。在品牌管理方面，品牌是企业核心竞争力的集中体现，是最具价值的轻资产。大多成功的低成本扩张都是品牌引领的轻资产扩张。在客户关系方面，一旦客户使用了企业的基础产品，企业就可以一方面从横向上扩大消费面，增加客户使用的产品和服务；另一方面从纵向上延长消费链，使客户连续使用公司的一代又一代产品和服务。

### 三、展望未来

"电商不是深不可测、高不可攀，行业创新模式永远可以生存，要有发散思维，尽快布局。"今后，韩品在线还计划建立威海中韩创新创业产业园和物流园。韩品在线面临着缺乏人才的问题，同时，融入电商核心圈和中韩自贸区的发展也需要时间，这给未来的发展带来了不确定性，但正是这种不确定性会带来了无限的商机。

转眼之间，新大东已经发展了十六年。十六年的时间既短暂又漫长，从历史长河看，它比流星逝去得还快。刘本昌在新大东宣传册里做出了这样的董事长致辞："常有人豪言要做百年企业，谈何容易，概率几何？新大东也想将企业做大，除敬业和经济大环境（运气）外，我认为以下的原则是必需的。准确定位，提供绿色产品和诚信服务，不间断地坚持产品的创新和发展模式的创新；规范经营，依法纳税；耐住寂寞，不浮躁，不跟风；将企业做好、做强、做久、做大，否则企业主和管理团队越精明，企业倒闭得越快。"

"传统商业是有区域性的，而互联网没有区域限制。机会来了，强者愈强，弱者愈弱，但行业创新模式永远可以在路上"。这是刘本昌的原话，也是新大东建立韩品在线转型升级的具体行动。

# 创域国际：时尚品牌企业的脱胎换骨

彭丽红　李高泽　谢同飞

创域（国际）控股有限公司（以下简称创域国际）是一家总部注册在英属维尔京群岛的传统服饰外贸企业，其在 2008 年全球金融危机中严重受损，以传统单品专卖店为例，产品国外市场需求严重萎缩。市场需求环境的恶化使公司的发展困难重重。传统服饰行业除了面临着外部严峻的需求环境外，本身也有诸多问题，比如人工成本居高不下，设计跟不上潮流，营销缺乏针对性，店铺管理效率不高等。面临内忧外患的困境，公司创始人廖董和公司管理层于金融危机后一直在思索企业战略转型之路——如何走出困境，企业该何去何从……

## 一、战略转型背景

### （一）企业情况

创域国际主要从事男女服装、箱包皮具等的设计、生产、零售。公司旗下拥有多个单品核心品牌，连锁门店达 500 家，并且拥有众多国际合作品牌，同时自营、特许经营、加盟经营零售店遍布中国各大省（市、区），总部员工有 500 余人。

借鉴欧美品牌经营模式，从传统的批发贸易、代工贴牌，到引入国际知名品牌以及创立自主品牌烈威，创域国际通过引进国际化设计团队和品牌连锁经营，以"引领时尚、物超所值、无处不在"的战略理念大规模整合生产体系，拓展了遍布全国的 1 000 多家品牌店，连续八年举办全国订货会，成为皮具行业的龙头企业。同时创域国际不断适应市场、调整战略，实现业务转型升级，从最早的批发贸易、代工贴牌 OEM、自有品牌 OBM，再到线上线下销售一体的终端零售网络，公司拥有各种不同规模的体验店，成为潮流文化品牌的有力推广者。

公司自成立之初就重视企业文化建设，经过多年培育形成了"员工一家亲""客户以诚相交"等企业文化，同时积极参与社会公益事业、践行企业社会责任，通过衣物捐赠、新品设计和明星代言，传播绿色环保和保护濒危动物的理念，并与社会团体一道发起和推动救助贫困听障儿童的公益活动。携手"爱·未来"活动组委会发起一系列"爱·未来公益中国行"活动，五年来已陆续走过广东恩平站、广东从化站、河南信阳站、广东清远站、广东阳山站、西藏站、海南琼海站、广东饶平站等。诚信文化反映了公司的信用、实力和形象，良好的信誉可以给公司带来现实的经济收益，创域国际的发展实现了经济效益、社会效益和环境效益的良性互动和统一。

**（二）2008 年金融危机后的服装行业**

美国金融危机给全球金融带来的影响正愈演愈烈，也影响着日益融入全球经济的中国经济。金融危机已对全球实体经济产生了巨大的冲击，2008年世界经济增长明显放缓，下行风险逐步加大，前景更加不确定，2009 年全球经济增长率约为 2.2%。国际金融危机对世界经济造成了严重影响，各国经济发展普遍放缓。在这种严峻的国际经济环境下，我国传统的服饰行业也面临着种种考验。

（1）出口困境。由于欧美经济的衰退，订单减少，我国服装出口下滑，对欧美市场依存度高的服装业陷入困境，加入 WTO 后纺织品服装出口额猛增，但同时也遭遇了大量的贸易摩擦和贸易壁垒。随着新劳动法的颁布，纺织品服装出口企业社会化成本加大，我国纺织品服装业的劳动力成本优势逐渐消失，全行业利润率从 2007 年的 1.48% 下降到了 2008 年的 0.1%，低成本优势丧失，加剧了服装出口困境。

（2）电商冲击。B2C、C2C 等电商模式的迅速发展严重冲击了以实体店为支点的传统服饰行业。面对一波波电商热潮的侵袭，实体服装店沦为网络试衣间，行业利润下滑严重。2012 年一轮轮电商大潮的冲击，更是以近乎压倒性的优势逼迫传统服装业寻求战略转型。传统行业电商化已经成为不可逆转的趋势，对于传统服装行业来说，最大的问题不是寻求战略转型方向，而是寻求战略转型方式以及战略转型之后的生存与盈利的问题。

（3）洋品牌冲击。作为新兴市场的代表，中国服饰市场是国际著名品牌金融危机后抢滩的重要目标。2008 年之后，越来越多的国外知名品牌进驻中国，与国内本土品牌逐鹿市场，洋品牌凭借良好的质量、个性的款式、充足的资本和高品牌溢价迅速蚕食中高端服装品牌。国内市场潜力巨大，国际名牌蜂拥而入，更多的海外品牌对中国市场虎视眈眈，国内中小企业在夹缝中找寻生存之道，中国服装市场新一轮"洗牌"时代即将到来。

（4）缺乏自主品牌。中国的多数服装企业以 OEM 代工、贴牌生产为主，设计研发能力不足，缺乏市场销售经验，直接导致了国外名牌的挤压与冲击，加大了国内企业的生存压力。有媒体披露，中国知名服装品牌逾八成被称"傍名牌"。80％以上的知名服装品牌面临品牌高度重复、品牌"山寨化"难题，品牌高度重复的一大危害是淡化了品牌在公众心目中的唯一性、集中性，另一大危害是使企业品牌陷入"僧多粥少"的局面，服装企业核心品牌规划和管理意识有待加强。

（5）融资困难。我国中小服装企业融资渠道过窄，主要依赖内部融资，而由于高风险及信息不对称的存在，商业银行对中小企业执行的一系列技术标准，加大了中小企业的融资成本。融资难、融资贵是困扰服饰企业发展的瓶颈问题，虽然我国不断出台政策促进金融加大服务中小企业的力度，但是由于中小服装企业本身具有账目不透明，缺乏有效抵押、质押物等弱点以及商业银行的盈利性，破解服饰企业的融资瓶颈依然任重而道远。

（6）管理不善。我国大部分中小服装企业以家族式管理为主，缺乏科学管理理念及高级管理人才。大多服饰企业早期从事服装批发业务，经过资金与经验的积累，自主创业，自建厂房，组建生产线，靠为国外品牌贴牌加工来赚取利润。金融危机后，随着中国人力成本增加，以及贴牌加工的利润空间越来越小，许多服装企业走向了特许经营与自创品牌经营，但其管理模式还是未变。这些企业都或多或少地存在家族式管理。家族式管理模式或许在企业创业初期有其优势，但在服装企业倡导以品牌影响市场、以特许经营方式开拓市场的环境下，这种管理严重地阻碍了企业的发展。

（7）行业新形势。金融危机在给我国服装行业带来困境的同时也为其发展提供了机遇。金融风暴对欧美国家打击最大，品牌企业也不能幸免，消费者的购买能力与信心需要一段相当长的时间才能恢复过来，因此全世界的目光也都集中于中国市场，服饰市场的重点从欧美转到中国。中国市场从以往一味"崇洋"转变为冷静地看待洋品牌的价值以及优劣。中国市场不再盲目追求洋品牌，而是立足特色求发展，这是国内品牌升值的大好机会。

总之，金融危机后的服饰产业在遭遇重创的同时也孕期着转型升级的契机。金融危机从虚拟经济蔓延到实体经济，外部市场消费能力逐步萎缩，严重影响中国的对外贸易。由于金融危机带来的美元疲软和人民币相对升值，国内企业的价格优势不再，出口受到抑制，中小企业倒闭，失业民工增多。此外，新形势下的成功品牌不能像过往一样靠单一优势就能成功，一个品牌的成功必须具备综合条件，任何品牌的塑造都是一个系统工程，涵盖了品牌定位、开发设计、品牌推广、渠道建立、经营模式、规范管理等因素，缺一不可。

**（三）2008 年金融危机后房地产及商业地产发展状态**

1. 房地产市场发展情况

金融危机使我国消费下降，经济增长放缓，物价高企，失业率上升，2008 年，在国内外因素的共同作用下，我国房地产市场开始进入周期性调整阶段。

从宏观调控政策角度分析，2008 年下半年，国家连续五次降低贷款利息，五年期以上贷款的利息降低了 1.89 个百分点；为了鼓励住房消费，国家将购买普通住房的贷款优惠利率由基准利率的 0.85 倍下调到 0.7 倍，使利用按揭贷款购房者节约了较多的利息费用。据银行计算，采用等额本息还款方式的按揭贷款，以上两项因素使月还款额节约了 18% 左右。同年 10 月份，国家财政部、税务总局决定购买 90 平方米以下的普通住房契税减按 1% 收取，使购房成本降低了 2% 以上。同时，对个人购买和出售住房暂免征印花税，出售住房暂免征收土地增值税，对出售普通住房给予营业税的优惠，降低了二手房的交易成本。

2009 年，政府为刺激经济增长而实施的积极的财政政策和适度宽松的货币政策对国内房地产市场形成了正面支持。房地产业是典型的资金密集型行业，资金松紧对房地产业的运行有决定性影响。为应对金融危机、促进住房消费，我国实行了适度宽松的货币政策、积极的财政政策，出台了降低首付款比例、贷款利率优惠、减免交易环节税费等一系列优惠政策，有效刺激了住房消费。

2008 年在国内外经济下行、前期国家偏紧的房地产调控政策影响下，消费者的预期比较悲观，持币观望。随着国家宏观调控政策的调整，消费者预期逐渐发生变化，在观望中寻找机会。一是国家将支持房地产业稳定发展作为保增长的重点措施，并连续出台一系列鼓励住房消费的政策，从政策层面上给予消费者信心。二是我国连续出台大力度的刺激经济的措施，力争 2009 年经济增长保持在 8% 以上，在就业和居民收入增长方面基本稳定预期。三是我国人多地少，仍然处在经济较快增长阶段。从较长时间看，住房价格仍然是稳步上升的趋势。近期房价下行是对前期房价过高的修正，而且国家连续出台多项鼓励住房消费政策，一旦房价调整到位，就会出现反弹。

金融危机后期，我国实施了积极的财政政策，积极发挥了货币政策的作用，这些刺激内需的政策转变了房地产市场消费预期，刺激了房地产开发热情，在多种利好因素下我国房地产行业迎来了爆发式发展高潮。

2. 商业地产发展情况

随着房地产产业的高速发展，我国商业地产也迎来了新的发展高潮，但由于中国商业地产发展时间相对较短，在发展进程中存在经营效率低下、管理水平落后、缺乏科学决策引导等问题，中国的商业地产未得到良性发展。

商业地产经营效率较低，商业地产市场供需失衡。金融危机后大部分的开发商在投资商业地产的时候都缺少足够的调研论证，没有根据商业的类型开发地产，都是单一的投资建造模式。由于缺少深入、细致、科学的分析和研究，很多商业地产项目陷入困难的营运状况。2011 年到 2012 年，在一些城市出现了购物中心、大百货商场、商业街和批发市场倒闭的现象，这对商业地产的健康稳定发展造成了严重的负面影响。受全球金融危机影响，许多房地产开发商都把商业地产当成避风港，商业地产的投资迅速增加，商业地产的供需失衡进一步加剧。商业地产存量逐年增加，造成商业地产售价下降、租金下跌等严重后果，商业营业用房的空置率也不断上升，造成开发商资金链紧张，这些都不利于商业地产的长远发展。

商业地产融资渠道单一，没有充足的资金做保障。房地产类公司在资本市场和金融机构的融资长期受住宅市场调控的影响，商业地产同样受影响。

我国房地产开发企业直接融资比例一直很低，众多中小房地产开发企业并没有直接融资的意识，也不具备直接参与资本市场融资的能力，中国商业地产的开发资金主要来源于银行的短期贷款，对银行信贷的依赖水平普遍较高，融资渠道单一，这就产生了在商业地产开发中商业经营与地产开发脱节的问题。

商业地产的管理运营水平落后，发展缺乏科学引导。优秀的商业地产项目都是建设与管理并重。但金融危机以来中国有很多商业地产开发商注重前期销售效益，忽视长期经营价值，忽视后期的品牌招商和经营管理，从而导致商业地产行业混乱，管理落后，缺乏服务意识，开发商不仅不能从商业地产中取得长期稳定的收益，而且可能陷入经营困境，重开发轻管理一直是很多中小房地产开发商的通病。

总之，2008年金融危机后我国房地产开发进入新的快速发展周期，商业地产的市场存量迅速增加，但是缺乏科学规划的商业地产暴露出同质化严重、租金高企、管理运营效率低下等一系列问题。2011年，商业地产招商难、营运差，以及商业地产过剩等现象开始显现，商业地产外观辉煌气派、内部空空如也的情况成为一二线城市房地产市场的主旋律。

租金收得高，电商逼得紧，超市店铺纷纷关闭。关店潮带来的是市场的自我调整，优胜劣汰，随着市场自我调节机制的启动，整个市场将会进行一轮大洗牌，形成市场的细分，而物业也会重视运营管理水平的提升。在热度达到一定程度后，商业市场将会迎来一段调节期，形成新的商业机制。

创域国际面临严峻的内外部环境，以往以传统商业模式经营服饰产品的企业战略必须适应环境的变化做出调整。需求不足、消费疲软、成本渐增、管理效率不高等因素促使创域国际必须寻找一种新型商业模式来支撑公司的战略，以实现成功转型和长远发展。

## 二、战略转型的探索：创新商业模式

### （一）董事长的思考

2011年以来面临内忧外患的境遇，公司已经到了必须变革转型的关键时刻，廖董时时都在思考企业的战略转型出路。尽管公司自成立以来，战略随着市场环境变化适时做过几次调整，积累了一定的经验，但面对多重竞争的倒逼和未来的不确定性，廖董依然感受到此次战略探索、转型任务的压力。

廖董作为服装行业颇具名气的港商，2008 年 5 月被推选为广州市服装行业协会副会长。2012 年 2 月，廖董被聘为香港创意产业及科技创新委员会副主席，并得以更多地接触香港文化创意的思潮。

香港创意产业及科技创新委员会成立于中国香港，是非营利性的协会，其通过提供全面的设施、服务及充满活力的环境为创意科技产业提供一个交流合作的发展平台，让企业全面发挥科研和商业潜能，在成为良好的合作伙伴的同时开拓无限的创意商机。团结同业朋友，为同业利益共同奋斗，以委员会为管道，参与公共事务，充分表达同业意见，创造更有利的营商环境。

委员会自成立以来，与政府部门、公共机构、大专院校、传媒及私人机构等通力合作，成功举办了多个普及创新科技与创意产业知识的活动，加强了会员之间的交流，同时亦积极参与了香港工商界的活动，提高了知名度，进一步推动了委员会的发展。

2011 年 4 月，廖董在香港参加创意产业及科技创新研讨会后就在不停地思索：近几年全球受金融海啸的冲击，世界各国借此机会为各个产业寻找新的契机，最受人瞩目的就是英国率先提出的创意产业。许多传统知识型产业多元化的改变对创意产业的发展有相当正面的影响，国内亦获得正面启发效应。同时，由于资讯的快速传播、科技的迅速发展，产业的多元化发展已成趋势，因而创意产业也将走上此路，尤其与高新科技结合，使包括文化、科技、资讯等在内的创意产业迅速发展。

反思创域国际自身，作为传统产业的服饰行业面临国际知名品牌的竞争、电商的冲击，如果不转型，那么未来的发展空间还有多大？文化创意作为未来国家和企业重要的软实力，能否将其和传统服饰行业相结合，一方面丰富文化创意的内容，另一方面借助文化创意的招牌把传统服饰行业盘活？文化创意是素材，能否寻求一种新型商业模式运用这种素材支撑公司的战略转型？公司的战略目标是什么，又该如何定位？

带着这些新认知、新问题，廖董又陷入了沉思……

**（二）第一次讨论：战略转型的提出**

2011 年十一假期后，廖董带着这些疑问，召开了公司高层关于战略转型的第一次讨论会。公司总经理黄总、运营及营销部负责人纪部长、财务部负责人李部长、网络IT部陈部长、首席设计师Jerrie等高管参加。

首先廖董向大家陈述了自己对当前服饰行业的判断，其次着重说明了自己对文化创意如何与传统服饰行业结合的疑问。

作为留学回来的高材生，设计师Jerrie首先发言："文化创意无止境，创意文化可以和服饰结合，把我们的产品定位于年轻消费群体，近年流行的文化衫、班服等就是很好的切入点。但是这样一来，我们的设计成本会增加，设计人才的不足将制约我们的发展，同时潮流的周期性对我们的设计能力提出了更高的挑战……"

没等Jerrie说完，从销售一线一步步干到管理层负责运营及营销的纪部长就抢过话接着说："Jerrie说得对，毕竟买主对文化创意有不同的认识和偏好，如此一来对我们的财务要求很高，要有充足的资金支持这种模式。我们目前的品牌马连奴·奥兰迪（Marino Orlandi）定位于中端消费者，以引领时尚、物超所值、无处不在的理念在前几年一直取得成功，但是这种集设计、生产、销售为一体的模式目前总有种尾大不掉跟不上市场节奏的感觉。"

纪部长说毕，廖董开玩笑说："老纪，你与我想到一块去了，讲得这么专业，看来你私下补习了不少管理学、经济学的知识呢"。

听得大家都笑了，负责财务的李部长若有所思，沉思一会补充道："大家都知道，金融危机三年多来，我们产品出口锐减，转做内贸，受制于宏观经济环境不景气和人均消费能力低迷，国内服饰市场一直不温不火，我们年净利润也就600万元，确实没能力在价值链前端设计这块投入太多，同时店铺扩张对我们的现金流也是很大的考验。公司总部在职员工540多人的工资费用，1 000多家店面的日常运营开销等常规支出压力，公司这些年扩张迅速并没富余多少资金，资源在想法面前总是捉襟见肘啊！"

听完李部长的诉苦，大家陷入了沉思：这几年来公司从做外贸到转内贸，从单一品牌做到多个品牌，从服装到皮具，不断在适应市场做调整，但是依然不能赶上市场的变化。高端服饰行业是劳动密集型行业，同时也是资金密集型产业，目前公司尽管有直营、特许经营、加盟等商业模式，同时开发电商平台B2C等模式，但"从市场赚的钱绝大部分又投入市场中去了"，公司业绩依然没有实现快速增长，除了管理效率低、人力成本高外，行业也面临着电商冲击和商铺租金不断攀升的压力。

"既然这样，干脆我们'赌'一把，我们只做产业链的两端，只抓设计和销售，中间环节做 OEM。我在北京读 EMBA 期间参观过中关村创业街，很多创业团队只专心做产品，其他环节都有专业公司代理。这种'抱团取暖'、各取所长、互利共赢的商业模式是未来的趋势。我们也可以转变以往'摊大饼'式的发展模式，集中优势向产业链某一环发力。"黄总的发言把大家从沉思中唤醒。

听了黄总的发言，廖董微笑着点了点头总结道："大家的想法都很有道理，看来我们确实要给自己来次彻底的革命了。公司自成立十余年来战略也随着内外环境的变化一直做着调整，我们从以外贸为主到定位物超所值的内地市场战略之变，为我们赢得了广阔的市场，树立了良好的形象。今天，国外市场需求严重萎缩，行业人工成本居高不下，设计跟不上潮流，店铺管理效率不高等问题迫使我们重新调整公司战略。""在公司战略目标上，我与大家观点相似：第一，产业链的附加值主要集中在价值链两端，即设计和营销，我们应该一手前端设计一手终端营销，但要突破人、财、物力有限的瓶颈。第二，黄总的想法提醒了我，分解是为了做得更好，我们可以只做设计或者营销。从我们自身考虑专做设计不现实，因为公司设计人员为三十余人，队伍整体不强，同时面临国际著名品牌在设计端先入为主的障碍，要想在设计端有所作为压力很大。第三，我们可以把主要精力集中在前端即营销客户端，这是一个大胆、富有挑战和风险的想法，只要我们可以集中人、财、物力把顾客体验做好、做出色，我们就能在这轮传统行业战略转型中华丽变身。这次会议就先到这里，散会后大家继续思考。"

**（三）第二次讨论：转型的外部难题**

在上次讨论企业战略转型问题后，公司高管们心里一直不能平静，因为摸着石头过河的这块石头都没找到，怎么也不能踏实。在 2011 年圣诞节前夕，廖董提议组织高管们到苏港澳创意创新基地（CIDC）参观学习，希望能获得企业战略转型的灵感。苏港澳创意创新基地位于江苏镇江科技新城科技园，由镇江科技新城管委会和香港创意产业及科技创新委员会联合打造，是集创意创新展示中心、创意办公等于一体的创意商务中心。

五天的参观考察后，高管们回到公司没有休息。2012 年的元旦假期就召开了第二次战略转型讨论会。廖董说道："这次参观学习苏港澳创意创新基地不虚此行，我收获很大，关于我们公司的战略转型我有了初步的想法，想和大家沟通如下。第一，公司传统品牌马连奴·奥兰迪（Marino Orlandi）、马萨克（Marshal）、烈威（Level）等继续发展，要注重引入电商模式，要电商和实体店两条腿走路，实现传统产业与互联网跨界整合，实现原有品牌的转型升级。第二，关于改革，我们可以另起炉灶，新创立一个品牌，这个品牌不专门做服饰，只提供给设计师们展示自己的理念和设计，既然苏港澳创意创新基地可以吸引那么多明星设计师入驻展示自己的创业理念，为什么我们不能在广州这块潮流的前沿阵地做呢？第三，是我们上次讨论的成果，即目前的市场已经不允许我们面面俱到了，我们要做小而强、小而优，我觉得我们日后就专门做营销吧。大家谈谈自己的看法。"

"我支持这种方式，一方面传统品牌不抛弃并引入电商模式，另一方面另起炉灶新品牌成败与否不会对我们的固有产品造成影响，我们 IT 部门会全力支持新品牌模式的设计和发展。"陈部长抢答道。

"廖董不愧是传媒行业出身的企业家，对文化创意产业很敏感，我支持廖董的想法。参观苏港澳创意创新基地最大的收获就是，前端设计的瓶颈解决了，我们也可以吸引一些有创业想法的明星、年轻设计师入驻我们的店铺，这样集大家之力就能顺利解决前端问题，不同的设计师对潮流的理解不同，他们的创意也会有差异，这样又能吸引更多的年轻消费者，体现消费偏好的差异性，如此一来我们就可以集中力量做市场，保留现有设计师队伍转型向整体店铺做设计。"一向思维活跃的设计师 Jerrie 发言道。

纪部长愉快地讲："如 Jerrie 所说，我们营销部门的责任更大了。看来我们部门日后要转变以往的工作思路了，不能再搞大规模轰炸式的推销和营销活动了，应该提升营销的针对性。对于运营和营销的人员要提高大家的工作动力和技能，可能要适当裁员一部分。我还建议把运营和营销部门分离开来，因为如果我们只做前端市场，那么相当于店铺的运营和营销是我们公司的绝大部分工作，这两块分开来更有利于提高工作效率，体现分工价值的最大化。"

"看来老纪很是有魄力呀，企业战略变革转型，老纪倒宁可先从自己动刀。"黄总的话引得大家一阵欢笑，"我在宏观上赞同廖董和大家的意见，公司创立十多年来，我们积累了很多大客户资源，同时也沉淀了许多市场零售的经验……进行战略转型确实是条清晰的路子。但是我也有一些顾虑。第一，把企业的未来押到销售商上，我觉得还是很有风险的，我们在市场零售上有优势，但是这并非我们一直以来的核心竞争力，这种方式是不是很容易被模仿？第二，在服饰行业尚没有前例可寻，现在算找到石头了，下一步是如何过河，如何与上游设计、生产环节相衔接还有很多未知数。第三，文化创意我觉得不仅体现在服饰上，而且可以有更大的创意空间，真正来探索'文化＋'这种产品模式。"

"我和黄总观点相似，支持战略转型向前，但我也有不少疑惑。"严谨细致的李部长沉思片刻后接着说，"首先，我们承租商业地产商铺，这是很大的开支，大家知道百货商场租金近年迅速飙升，而且要求承租期都在 5～10 年，装修成本也是不小的开销。其次，我们把产品定位在文化创意服饰或者工艺品上，目前各大商场展柜被高端品牌服饰、珠宝、化妆品等占有，我们在奢侈品的阵地推广文化创意产品，目标顾客定位是不是不精准？最后，在我们店铺展示的设计师的产品，对其如何定价，我们要不要收其租金……我们要考虑自己的现金流是否充足。"

构想很美好，落地很艰难。廖董心里最近半年来一直是这种感觉，面对大家的疑问，散会后廖董一个人在会议室再次陷入思考："从传媒圈转行到商界十余年来，除了当时创业的艰难和迷茫外从没遇到今天这种困境。庆幸的是十余年来一直坚持'信为本、善为事'的人生哲学，诚信经营、善待员工、慈善乐行，在今天的困境中员工仍然对公司的未来充满希望，尤其是很多十余年与公司一起成长的老员工。自己没有理由不带领大家跨过这次危机……"

经过这次公司管理层开会讨论，基本明确了公司战略转型的方向，厘清了公司外部利益相关者、原创设计师、文化创意创业者、商业百货公司等的关系，是公司战略转型探索路上的重要转折点，同时公司管理层探讨的这种模式还面临很多现实障碍和不确定性。

2012 年五一假期，廖董去了北京，去向某著名高校的 EMBA 教授谋求对策。

### （四）北上寻师：再获启发

廖董向教授倾诉了公司当前的发展困境、对服饰行业的看法以及半年来公司对企业战略转型所做的思考，教授欣然微笑拍拍廖董的肩膀说道："你在此山中所以看不清山外的风景呀，这轮金融危机对传统行业的冲击严重，但是危中有机呀，这也迫使你找到自己最擅长做什么，你们很厉害认清了自己和服装产业的背景，可能对相关产业发展现状还不太清楚，我帮你分析下当前的商业地产你就会豁然开朗，下一步就是你们如何科学梳理、探索了。"

"导师，您觉得这轮金融危机中我们服饰行业有哪些机遇呢？"

导师看着廖董急切的样子答道："金融危机后，国家出台四万亿元投资计划以刺激经济持续发展，这四万亿元投资主要投向了以高铁为主的基础设施建设和房地产行业了。这几年房地产行业爆炸式发展，确实掩盖了一些问题，就当前商业房产而言，2011 年对宏观经济和房地产都是一个重要的转折期。房地产市场开始进入去库存周期，2011 年第三季度末，沪深两市 145 家房企总库存达到了 1.2 万亿平方米的历史高点。你还看不到商场供过于求的情况即将要浮现了吗？这是你的机会，也是你能否战略转型成功的关键点，去做商场中的补缺者避开高昂的租金和装修费，是未来在商场生存的重要法则。"

"导师果然对市场把脉准确，对行业洞察清晰。我们一直想脱胎换骨、大干一场，无奈苦于人、财、物力资源有限，对勾画的蓝图也只能望而却步。听了您这么分析，我心里确实踏实了很多。导师，您觉得我们只专注于价值链的前端和终端，对自己的战略动刀力度如此之大，风险是不是很大？"廖董继续问道。

"我谈谈对你一些疑惑的看法。"导师说，"第一，你要做的战略转型是从设计、生产、销售向提供管理服务的角色转变，你提供的是平台、是渠道，你为创业者和设计明星们提供的是他们产品的管理服务，你不需要获得这种产品的所有权，只需要收取一定的管理费用或者叫佣金，当然对于后期从这些平台孵化成功的品牌，你可以以参股等形式继续合作。如此，设计和产品都是创业者的，定价也是他们的，你帮助他创业起步，成功了大家共赢，失败了你有多大损失呢？"

"第二，要做到'有大有小、有失有得'，你放弃一部分自己的产品，你能收获更多的商品，未来的消费趋势更多地体现在一站式便利上，我倒觉得你不仅可以吸收对服饰有创意的创业者，而且可以吸收对艺术品、餐饮等有创意的创业者，把店铺定位于时尚、潮流、文化创意、一站式生活服务是未来该探索的。我站在局外帮你梳理一下思路，是不是清晰多了？"

廖董恍然大悟，高兴言道："是呀，我们一直顾虑的问题，其实转个身就被您解决了。向前是商场问题，向后是创业者，这两部分都不对我们构成财务压力，我们只需要把创业者和商场、消费者联系好就够了。看来不是当局者迷，而是老师学术造诣本来就很深呀。"

"作为公司的掌舵者，建议你不仅要胸怀公司发展而且要关注国家宏观经济、相关产业发展态势，你慢慢将养成一种'站在问题之上看问题'的思维习惯，这对于我们克服困难至关重要。"教授深有感触地说。

"这次母校行，不仅跟导师求得公司解困妙药而且聆听到导师一番人生哲理，我果然不虚此行。导师您也是德艺双馨啊，学术育人、师德耀人呢。"廖董高兴地答道。

话后两人情不自禁地笑了。拜别教授，廖董顺道拜访了自己的北京老同学——全国前十强某房地产集团李董事长。同学多年不见自有很多感情交流，两位老同学酒过三巡后分别谈起了自己经营企业的困境，廖董把自己导师对房地产市场的判断与李董事长沟通后，李董事长深深点头赞同说道："房地产高速膨胀的时代过去了，房地产行业也不会一直是国家经济发展的引擎，我们现在过得也很艰难，都谋划转型了。"听了李董事长的肺腑之言，廖董一边表示同情和理解，一边在欣慰——房地产行业的转型是我们脱胎换骨的最后一班车，必须买票上车把握这次机遇。

和老同学畅聊后，第二天廖董就返回了广州，回到公司就迅速地着手企业战略转型事宜。

**（五）第三次讨论：转型的内部难题**

2012 年 5 月中旬，公司组织召开了由高层管理者和销售区域代表参加的战略转型第三次讨论会，该次会议主要商定战略转型具体安排以及协调组织、人事等变革事宜，会议讨论的主要内容转向战略转型、公司变革需要解决的内部难题上。

廖董欣然与大家沟通道："五一假期，我北上寻师收获颇丰，拜访了几位经济管理学教授和从事房地产行业的朋友，得到了许多点拨和启发，我觉得这些收获能基本化解我们前两次讨论所遇到的瓶颈，消除我们的顾虑。第一，我们确定了只做产业链的两端，即设计和营销，我们只提供商品销售平台，吸引创业者借我们的渠道展销创意品。这样设计人才不足的问题就解决了。第二，关于资金不足问题。我们要抓住房地产市场转型的契机，发掘商场机会低价承租，能否低价甚至免费承租到商场展台是我们战略转型成败与否的关键。第三，我们公司发展十余年来尽管紧随时代潮流，市场化程度很高，但是总有一些发展惯性，面对如此大的战略转型，公司有很多障碍、变革阻力要克服。"

"是呀，外部的人、财、物因素难题经过我们一年来的调研、走访、论证，基本梳理清晰了，并商定了基本对策。但是和外部挑战比起来，我们公司内部的各种变革阻力确是我们更应该重视的风险和困难。"公司副总经理陆总接着说道："公司自创办发展至今十余年来，很多员工尤其是入职好些年、跟随公司一起发展的老员工会有心理上的感情依赖，公司战略做出转变，我们不能忽略原有职工的利益诉求。一个好的变革，必须是通盘考虑内外因素、兼顾多方利益、寻求最佳平衡点的变革啊！"

"廖董、陆总，你们考虑的问题确实存在，近日很多员工听说公司要做重大调整，纷纷议论未来的工作职责、工资待遇会不会发生变化，这个问题我们各职能部门负责人也私下交流过，这种变革前期的不确定性导致的员工心理恐慌在各部门都有一定程度的存在。尽管我们前期在公司内部关于变革做过几次通报，但是这种不确定性因素引起的恐慌心理依然存在。不过，这是正常现象，只要我们对外保持信息及时发布，合理引导民意，这反倒是一件好事了。我们网络 IT 部作为后台支持部门，在战略转型中职能变化不大，我们的任务一是继续做好公司传统品牌 P2C 的平台建设和维护，二是配合其他部门做好新商业模式的网络宣传等。我们部门积极配合公司战略，全力支持公司变革发展。"网络 IT 部负责人陈总发言道。

听到陈总发言表态，各部门负责人、店铺代表也纷纷表态发言。

运营和营销负责人纪部长说："这次公司战略转型，力度之大、创新之大、难度之大前所未有，运营和营销部可以说首当其冲，职能调整最多、利益变动最大，不过作为伴随廖董一起创业至今的老员工，我全心全力支持公司发展。古人云，'大河有水小河满'，面临公司生死存亡的关键抉择，如果我们还是嘀咕自己的小算盘，不顾公司上下整体利益，那再好的小九九最终都是竹篮子打水。调整后的公司战略，运营职能得到强化，营销策略也要转变，所以我建议公司以战略为导向重新调整组织结构，从我们部门开刀把运营和营销分开以应对日后更富挑战性的工作。这种想法我与部门其他负责人和骨干员工也交流过了，大家都理解支持。"

听了纪部长真挚的发言，大家纷纷点头称赞其勇气和魄力。

"我们设计部也是这次变革调整的主要部门。"公司总设计师 Jerrie 说道："听说了公司要把前端设计环节让渡出去，公司设计师们多少有些失落。一来，传统品牌可能不再是公司核心业务，对设计人员需求量将下降，很多设计师可能面临裁员风险；二来公司战略转向提供平台，我们又缺乏懂店铺设计、布局的设计人才，又要招聘一批专业人员，一解聘一招聘，精确地反映了公司之变。前期我们部门也开了沟通会，作为艺术人员大家思维还是很开放，能接受竞争和挑战，去留服从公司需要和安排……"

"从大家的发言以及所反馈的员工情绪来看，我很欣慰，也很感激大家能在公司关键节点万众一心、心有整体、不离不弃。感谢大家的信任和努力，我们相信公司一定能成功转型、再上新台阶！"廖董没等 Jerrie 说完深情地补充道。

"其实我们一直关注企业人、财、物资源，却忽视了公司文化这种隐形资源。"财务部李部长发言说："廖董、黄总、纪部长等一批企业家励精图治创立公司以来对员工关心有加，高管们很注重领导的艺术性，公司'一家人'文化日渐成熟，这种员工向心力也是我们的宝贵资源呀。企业文化认同有助于我们战略的调整，有助于减少变革阻力，同时能使大家很快地适应新的工作环境。在这次战略转型中，财务部门可能是变革最小的部门，我们会一如既往地尽职尽责做好传统工作，同时做好系统升级以便对新引进品牌进行科学考核……"

生产部王部长接着说："既然我们只提供商品销售平台，那我们生产部门的负担要轻松一些了。我们一是要继续做好公司原有品牌的自营生产工作；二是继续做好 OEM 代工产品的质控工作；三是配合新运营部门做好引进平台产品的分类、标准制定、质量把控等工作。同时，随着产品生产环节剥离公司，我们生产部的思维也要转变，我们会把更多的精力放在改善产品生产工艺和售后服务上，以期为公司创造更多的价值。"

"听了大家的发言，我很高兴也很激动，看来各个部门也都是未雨绸缪做了一些沟通通气工作。各部门不仅都提前和自己员工做了沟通，了解了他们的心理，而且都对自己的工作职责有了更好的认知，对转型后的工作也都有预判和对策。下面再请华南区销售渠道代表赵总和华北区销售渠道代表谢总谈谈关于公司战略转型的看法。"廖董听了王部长的发言后说道。

华南销售渠道代表赵总首先发言："华南地区的销售是公司直营模式，整个华南地区自营店铺为 100 家，约占到公司所有店铺的 20％，可以说是公司最重要的市场阵地，是我们的大本营。公司战略转型，未来的产品品牌可能会对我们原有产品形成替代竞争关系，但是这种替代效应初期应该很小。因为前期引进的创意产品被消费者认知接受有个过程，同时这些产品和我们的现有服装、皮具箱包也不构成正面竞争。但是，我认为我们依然需要重视这个问题，我建议我们现有产品要升级，市场定位要提升。未来形成'中低端个性需求由平台产品满足，中高端品牌形象由现有产品引领'的良性互动模式，尽管品牌的定位很难转变，但是这是我们布局整个服饰行业的必由之路，希望公司决策层论证、考虑。"

听了赵总的想法，大家纷纷点头认可这种思路。随后华北区销售渠道代表谢总也谈了自己的看法："公司在华北地区采取直营店和加盟店两种发展模式，华北地区对公司的发展有战略意义。作为首都北京的市场具有某种象征意义，随着王府井店、西单店、燕莎店等的开业，我们在京城的踩点布局也进入一个新阶段，这些店铺租金高，盈利有限，但这些店铺位置优越、人流量大，店铺本身提供一种'活广告'效应，提高我们原有品牌的曝光率。关于公司战略转型，如赵总所说，这和原有产品并没有形成正面竞争……作为销售渠道代表我们希望公司发展更好、合作共赢，同时希望公司新模式早日践行、取得成功，如此的话我们也可以开展关于新模式的合作。"

参会其他人员也表达了自己的意见，廖董最后总结说道："听了大家的发言，我心里的石头也算落地了。其实一直以来我所担心的都不是我们面对的外部困难，因为再难的挑战只要我们一步步摸索都能克服，我所担心的是公司全员在面对变革时的心理反应。这次是我们公司第三次关于战略转型的讨论会了，议题也主要讨论战略转型的内部适应问题。今天大家的发言都很诚恳，意见很务实，措施很可行，我们心中铺开了战略转型蓝图，今天也梳理了公司内部需要的变革，我觉得我们距离成功如此之近，万事俱备只欠行动方案。关于大家关心的问题我也表态如下：第一，公司战略转型不裁员、不减薪、不关原有店铺；第二，原有各部门工作模式要做一定的调整，但是以各部门自我调整为主，公司层面不做过多干预；第三，现有 1 000 余家店铺继续当前的运营模式，但是如谢总、赵总所说，要有竞争意识，要对市场变化更敏感。这三点是公司给全体员工的承诺，希望大家吃了这颗定心丸能更好地安心工作，积极主动争取新模式提供的新机会，继续陪伴公司一起成长发展……"

散会后各部门回去通报了会议的最新共识，并积极着手起草本部门的变革行动方案，公司上下充满激情、活力，期待着一场自我改革的到来……

此后，公司紧锣密鼓地又在不同层面、范围内开了多次协调会。大家开诚布公、各抒己见，很多难题迎刃而解，剩下的就是在具体环节的落实上做更细致的讨论和协调了。

### 三、新模式支撑时尚品牌脱胎换骨

#### （一）"LEVVV 樂赢"：新战略的诞生

经过近一年的摸索、调研、考察、研讨，创域国际战略转型的模式终于浮出水面，为战略转型做的内外准备也已基本就绪，2012 年 8 月，廖董主持召开了公司总部全体人员以及各片区销售代表参与的公司战略转型升级动员大会，在动员大会上廖董对即将创新实施的新的商业战略做了全面的介绍。

原有品牌保持实体店加电商的模式继续发展，并积极运用互联网科技的优势开拓 P2C 网上商城的销售模式，同时加大研发营销推广，努力走中高端路线。而在新型商业模式上，公司不再做产品，而是集中自己的渠道优势专做市场，做管理服务的提供者、创新创业的协助者、海外品牌进入中国市场的搭桥者，积极向全渠道模式转型。

　　这种商业模式公司赋予它的名字是"LEVVV 樂赢"，其经营理念是"联动全球潮风尚，成就创业者梦想"，聚集海内外潮人、艺人、原创设计师，集服饰创意、艺术画廊、休闲咖啡、新品展示、交流活动、营销Party 于一体的综合式、个性化商业体验。一体化消费体验能有效提高消费者重复购买的黏性。这是一种全新的商业模式，确是一片充满活力、潜力的蓝海。

　　具体战略目标是如下的"三角色定位"。

　　第一步，集群效应的领头羊。创域国际在各大城市选择有发展潜力、目前尚有待发展的商场，以低价（或者免租）承租大面积展位，这些展位可以一体也可以分散在商场各个位置，随后与商场签订灵活的承租协议，用公司引进的众多创业者的创意品牌来为商场吸引人流量。为商场成功吸引人流后，公司可以和商场商议后期合作事宜。总之，在这一步中，能否低价（或者免租）承租大面积商铺是公司成败的关键，对整个商场来说，创域国际扮演了集群效应的领头羊的角色。

　　第二步，管理服务的提供者。创域国际把承租的商铺设计区分为不同区域免租给明星、艺术家创业者，让他们展示自己的创意产品，产品的设计、定价及生产全由创业者本人负责，创域国际只负责产品的销售、财务、质量控制等工作。明星设计师会与公司一道策划一系列营销 Party，在这一步创域国际提供的是平台和渠道，是创业者起步的孵化器，是海外品牌进入中国市场的渠道，创域国际扮演了管理服务的提供者的角色。

　　第三步，一站式体验的领路人。"LEVVV 樂赢"另一个创新点在于其有别于传统服饰企业的新型商业模式，它集个性服饰、艺术画廊、工艺品、简餐咖啡等于一体的综合性商铺，可为消费者提供吃、穿融于艺术的一站式服务。同时创域国际开设了自己的"创意乐空间"，其不同于店铺，主要展示设计师、艺术系学生的创意艺术品，在这里顾客也可以自己动手留下自己的创意。创域国际通过借鉴现代消费理念，努力把"LEVVV 樂赢"打造成集"购物＋休闲＋娱乐"于一体的一站式体验的领路人。

　　"三角色定位"战略目标帮助创域国际成功地实现了时尚品牌的脱胎换骨，为公司注入了新的活力和动力，同时"LEVVV 樂赢"体现了公司与外部利益主体良性互动、和谐共赢的生态链。微笑曲线理论的形成源于国际分工模式由产品分工向要素分工的转变，也就是参与国际分工合作的世界各国企业由生产最终产品转变为依据各自的要素禀赋只完成最终产品形成过程中某个环节的工作。最终产品的生产，经过市场调研、创意形成、技术研发、模块制造、组装加工、市场营销、售后服务等环节，形成了完整链条，体现了公司向微笑曲线两端发力的战略部署。

微笑曲线两端朝上，在产业链中，附加值更多地体现在两端上，处于中间环节的制造附加值最低。微笑曲线中间是制造；左边是研发，属于全球性的竞争；右边是营销，主要是当地性的竞争。当前制造产生的利润低，全球制造也已供过于求，但是研发与营销的附加值高，因此产业未来应朝微笑曲线的两端发展，也就是在左边加强研发，在右边加强客户导向的营销与服务。

"LEVVV 樂赢"作为创域国际一个新的独立品牌，不仅承担着公司传统业务转型的重任，而且是公司为积极适应经济发展形态和市场需求变化而做的必要的业务调整。"LEVVV 樂赢"不仅是国内消费潮流的引导者、创业者的引路人，而且是创域国际布局未来综合产业链的重要纽带，"LEVVV 樂赢"的发展方向是国际文化创意的参与者、创造者。

廖董在动员会上公布了管理层商讨后变更的公司组织结构（见图1），公司高管通过公关、出差考察培训等机会负责挖掘有潜力的百货商场；运营部独立出来主要对接创业者；营销部负责与明星设计师策划推广活动；设计部做了很大调整，设计师队伍从服装设计向规划、室内设计转变；IT 电商部门除大力推进 B2C 模式发展外，开始借助微信公众账号、微博等新媒体手段为"LEVVV 樂赢"和艺术家做宣传；其他行政部门的职责也做了相应调整。

关于"LEVVV 樂赢"品牌的 logo，公司副总、"LEVVV 樂赢"品牌总经理陆总在动员会上做了说明："我们新战略目标平台的 logo 是'LEVVV 樂赢'，这个设计创意出自我们自己的设计团队。LEVVV 的 LE，中文为乐，寓意快乐。LEVVV 进行了文字的变形，使其像一列行驶中的列车，寓意这是一列载着梦想、创意的列车，穿梭行驶在每个城市每个角落，开往国际文化创意的方向。logo 开头是连起变形的 LE 英文字体，LE 代表着乐，寓意乐于此事，乐意在 LEVVV 里寻找到自己的乐趣。第一个 V，犹如一个翻转

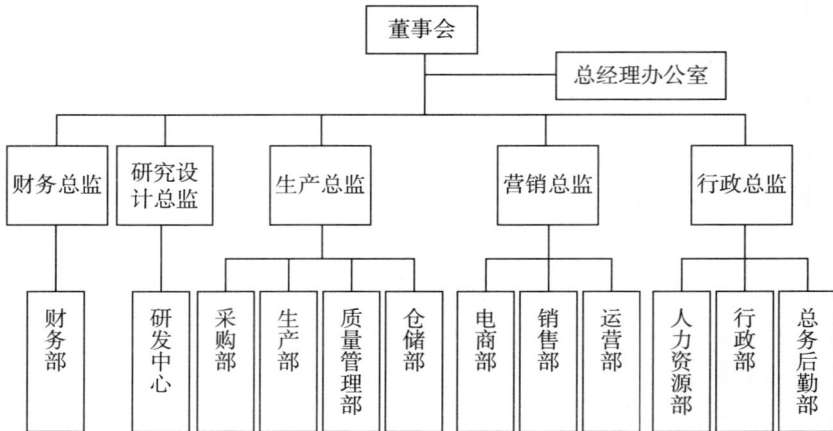

**图 1    创域国际组织结构**

的众字，因为我们不单是一个品牌，我们更像是一个平台，将各行各业优秀的产品、优秀的想法组合在一起，合众人之力通过 LEVVV 呈现给大家。第二个 V 即 VICTORY，胜利，LEVVV 就像是一支众多力量联合起来的军队，攻占着每一个城市，散播着它特有的潮流因子，取得一场场的胜利。第三个 V 是 WE（我们），利用谐音表达我们的意思，我们在后面全力支持和推动整体 LEVVV 潮流列车全速向前，让更多的人认识 LEVVV，了解 LE-VVV。"

营销部纪部长作为老员工代表做了发言："我陪公司一路十年走来收获很多，亲自见证了公司从小到大、产品从单一到综合、品牌从无人知晓到今天引领潮流的变化，对公司的成就我很自豪，同时我和每一位老员工一样，公司的每一次转型都牵动了我们的神经。本次公司战略转型是顺应时代潮流、适应市场变化的调整，我们不得不为、不得慢为，经过我们全体员工的一致努力，我坚信公司的明天更美好，公司每一位员工的明天更美好！"

听了纪部长的即兴发言，全体人员爆发热烈掌声，每个员工都明白自己的利益寄托于公司整体利益，只有公司转型成功才有大家更广阔的发展空间，公司才能为员工提供更高的发展平台。经久不息的雷鸣般的掌声是向公司所有老员工以及走过十年风雨路的创域国际致敬。

在动员会最后，廖董做了动员性感言，大家反响热烈，积极参与拥护公司战略转型。创域国际的员工们看到了希望，他们充满干劲，他们看到了战略转型后充满活力、人潮涌动的"LEVVV 樂赢"店铺，或许他们在想自己就是未来店铺里创业设计师中的一员呢……

**（二）"LEVVV 樂赢"运行模式**

"LEVVV 樂赢"作为创域国际的一个独立品牌，其主力在于打造汇聚国内外潮流品牌的综合性商铺，成功地实现企业的脱胎换骨。其始终贯彻"联动全球潮风尚，成就创业者梦想"这一打造国际交流平台的宗旨，聚集海内外原创设计师、潮人、艺人等的作品，同时与多家国际化购物中心跨界合作，向公众展示和推介潮流文化。其旨在以"引进来""走出去"以及"服务创新创业"的经营理念帮助原创设计师的创业起步，为中国传统服饰企业转型升级提供经验，同时努力传播文化创意理念，引领潮流风尚。

（1）设计模式。创域国际把承租的商铺根据引入产品类别、国别等设计分成不同的销售展区，公司承租的这个大面积商铺统一品牌为"LEVVV 樂赢"。潮牌集中营吸纳众多原创设计师、艺术系学生、文化创业者、影视明星等免费入驻，由其提供服装、箱包、服饰、简餐、咖啡、艺术作品、小工艺品等的设计创意和产品成品，这些产品会按类别分布在潮牌集中营承租的商铺中免费展示，供消费者选购消费。

（2）承租模式。创域国际承租商业地产百货商铺主要有活动寻租、名人介绍两种方式。活动寻租即公司通过区域、市场考察论证与潜在商场洽谈合作事宜，并通过分析当前商场的生存状态和潮牌集中营的定位优势以低租金承租商铺。名人介绍方式即是发挥公司慈善、环保行动的正外部性，凭借公司多年诚信经营树立的良好社会形象，吸引社会各界名流帮助介绍免租商铺。创域国际处于在全国重要城市"踩点布局"的发展阶段，当前以名人介绍承租模式为主。

（3）运营模式。集中营被划分为若干相连的功能区，包括购物、休闲、简餐、娱乐等，整个集中营的日常运营可以分为生产、营销和财务三个环节。生产环节中各种产品的生产、物流等由创业者提供，创域国际主要负责对成品质量的把控。营销环节是创域国际和创业者合作最多的环节，公司和明星设计师一道在旗舰店铺举行各种公益宣传、促销活动吸引消费者关注，因为明星设计师也是为自己的创意产品站台，所以并不会收取出场费，公司整个营销活动的成本较低。财务环节中,创域国际统一核算收支,收取一定的管理服务费用后返还给集中营产品创业者。

(4)退出模式。"LEVVV 樂贏"是创意创业者的孵化器,并且以非市场价格承租商场商铺,所以会存在时机成熟时创业者退出潮牌集中营和商铺到期等现象。当创业者取得成功能独立开店时,可以选择退出潮牌集中营单独发展,也可以选择和创域国际签订股权合同或服务合同长期合作。对于以非市场价承租的商铺,创域国际会和商业地产开发商签订合同,当为商场吸引一定人流量后可以选择撤租退出或者以交费续租的形式继续合作。

"LEVVV 樂贏"模式具体可见图 2。

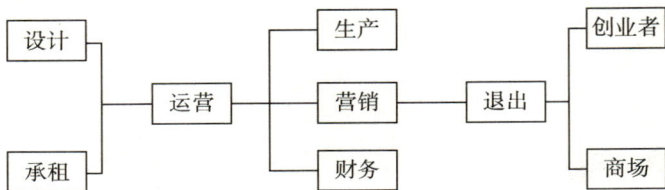

**图 2 "LEVVV 樂贏"模式**

"LEVVV 樂贏"的利益相关方中商业地产提供商铺,让渡一部分短期租金获得高人流量、高消费潜力的长远利益;创业者借助潮牌集中营的平台展销自己的产品,把产品销售、财务等交由创域国际统一管理,使之能专心于创意产品的创作,展位免租又为更多的创业者提供了启动梦想的可能;创域国际通过收取一定的产品管理费获得了收益,同时通过与明星共同举办环保、慈善宣传活动既提升了"LEVVV 樂贏"的品牌价值,促进了创意产品的销售,又契合了创域国际多年沉淀的企业文化价值观。"LEVVV 樂贏"作为传统服饰行业转型的一种创造性尝试,成功地实现了商业地产开发者、文化创意创业者和传统服饰企业的三方合作优势互补、合作共赢、良性发展的良好生态链。

"LEVVV 樂贏"意在为年轻潮流人士提供优质服饰搭配,推动国内外原创设计师的发展。其联手香港新世界百货、香港新天地百货等国际化购物中心,与 60 多个知名潮流品牌展开合作,其中包括台湾热血(黑人陈建州)、OUTERSPACE(LEO 廖人帅)、HOTHEART(DT 唐禹哲)、香港 D. N. M(Ares 郑建鹏)以及熊先生(快乐大本营杜海涛)等。英国 BOY-

LONDON、美国 BBC、西班牙 DESIGUAL、意大利 HAPPINESS、瑞士 ROMAGO、瑞典 TRIWA、比利时 NONO MUAKS、澳大利亚 TEARS、加拿大 MOCAMOMO、日本 INTERFOOL、韩国 JONEAA 等国际知名潮流品牌也成功入驻。

"LEVVV 樂赢"成立至 2015 年四年间，已与来自全球 16 个国家的 60 多个知名潮流及明星品牌合作，在全国一二线重点城市开店近 30 家，已开业店铺总面积约为 30 000 平方米，并将继续开设总面积为 1 200 平方米以上集艺术、营销、体验、咖啡于一体的综合性商铺。短短四年间，"LEVVV 樂赢"已成为中国潮流推广的代表品牌，受到业界的青睐，各大城市商业地产纷纷邀请"LEVVV 樂赢"共同筹办多样化活动以吸引人流。

### （三）战略转型成效

创域国际以低价（或者免租）承租大面积展位并与商场签订灵活的承租协议，完成平台建设的第一步。之后把承租的商铺设计区分为不同区域免租给明星、艺术家创业者，给他们提供展示自己创意产品的平台，产品的设计、定价及生产全由创业者本人负责，创域国际只负责产品的销售、财务、质量控制等后台的管理服务工作，完成为创业者提供渠道的关键一步。最后，明星设计师出于义务和社会责任会与公司一道策划一系列营销活动（也包括公益活动），为自己的产品和公益项目代言，此三个环节中除了营销、财务管理的人力成本外基本没有其他费用。

琳琅满目的个性商品吸引众多有偏好需求的消费者，虽差异化创意商品的定价比普通同类商品高，但消费者愿意为个性需求承担额外费用。与此同时，消费者在潮牌集中营不仅能进行服饰选购，而且能体验简餐、咖啡、艺术字画欣赏等休闲服务。整个潮牌集中营的各类商品不仅实现了正常利润，而且各类商品的互补性也实现了"协同效益"下的额外收益，来自不同国家（地区）的不同创意产品在潮牌集中营实现了微妙的协作共生。

"LEVVV 樂赢"打造了"平台品牌＋商品品牌"的新型商业模式，真正地实现了企业"联动全球潮风尚，成就创业者梦想"的战略目标，2014 年创域国际实现年营业收入 2.5 亿元人民币，净利润近 1 000 万元人民币。

创域国际的新型战略定位于"服务于创业者的平台"，创业者产品孵化成功后的可持续发展是考量该模式成败的重要维度。前期，创业者在潮牌集中营的展台展示、出售产品。当某种产品的销量达到一定水平后，可从潮牌集中营分离出去，根据商场商品的整体布局安排，在该商场免费获得一定面积的店铺进行分离经营，店铺的日常运营仍由创域国际负责，这种成熟到"单飞"的产品品牌是潮牌集中营最主要的成果之一，分离后的产品品牌代表着这种新型商业模式不断取得的成功。随着外移品牌越做越大，创域国际会考虑以管理入股的形式参股发展良好的品牌，实现创域国际和创业者设计师的长久良好合作。

有成熟的产品从潮牌集中营迁移出去，同时会有更多的跃跃欲试的创业者签约集中营展台，把自己的创意梦想变为可展示出售的商品。在"创意乐空间"孵化的创意一旦时机成熟也会迁到潮牌集中营变成真正的成品供出售。这种有进有出的创意产品链，保证了潮牌集中营总有高品质的产品供应。当"LEVVV樂贏"为签租商场吸引到一定量人流后，创域国际可以选择交费续租，也可以选择从该商场撤离重新选择新的潜在商场。

当前房地产的快速发展迅速提高了商业地产的市场存量，但是盲目发展的商业地产暴露出一系列问题，如同质化竞争激烈，重开发不重运营，商业物业泛滥，商业地产招商难、营运差，商业地产过剩等。创域国际与商场签订灵活的协议，当实现集群效应的领头羊功能后，公司能凭借优势资源，再次寻找到适合这种模式的百货商场。

截至2015年8月，经过四年的探索，"LEVVV樂贏"一路引领潮流，向追求生活质量的消费者推介潮流、创意文化。"LEVVV樂贏"在华北、东北、华中、华南、西南等地区已开店近40家，其中面积为1 200平方米以上的中心旗舰店集艺术画廊、休闲咖啡、新品展示、交流活动、销售体验于一身，吸引着最具活力、最具消费潜力的年轻消费者，"LEVVV樂贏"越来越受到百货商场、创业者和希望开拓中国市场的服饰品牌的青睐。

"LEVVV樂贏"武汉国际广场购物中心店和"LEVVV樂贏"苏州诚品店是最近公司新开的两家大型店铺。其中"LEVVV樂贏"武汉国际广场购物中心店是首家中部旗舰店，总体面积达1 200平方米。武汉国际广场购物中心位于武汉市汉口中央商务区具有黄金商圈美誉的解放大道，与毗邻的武汉广场、世贸广场共同组成了武商集团的旗舰商业组群——"武商国际摩尔城"，其中已进驻 Louis Vuitton、Hermes、Bottega Veneta、Fendi、

Prada 等国际顶级品牌。武汉国际广场的前身是于 1959 年建成并被誉为"中国十大商场之一"的武汉永安商场，在当时它是武汉市乃至全国零售业的排头兵。"LEVVV 樂赢"武汉国际广场购物中心店的开业标志着"LEVVV 樂赢"品牌的发展进入了一个新阶段。

台湾诚品书店在中国台湾、中国香港已开设近 40 家店铺，该书店于 2011 年 5 月 27 日在苏州正式奠基开工，位于苏州工业园区金鸡湖东畔，毗邻洲际酒店。"LEVVV 樂赢"与诚品书店强强联合获得了更大的发展空间。

创域国际作为传统服饰企业通过不断摸索、论证成功地实现了公司战略的转型，通过打造"LEVVV 樂赢"时尚品牌，与房地产开发商、创业者、明星艺人跨界合作，以艺术为平台共建全新产业生态链，为消费者提供了一体化消费体验，实现了创域国际的脱胎换骨，迎来了新的发展契机。

# 精典博维文化传媒公司的融资决策

徐晓云

2015 年的一天，在北京市西城区出版创意产业园的一间办公室里，精典博维的董事长陈黎明为公司未来道路的选择陷入了沉思：上市公司华媒控股对精典博维伸出了收购的橄榄枝，接受还是拒绝，这是个问题。

北京精典博维文化传媒有限公司创办于 2005 年，是中国国内领军的民营文化传媒机构。致力于广泛开发大众传媒产品，业务从图书、杂志和电子出版物的选题策划到数字传媒及其衍生品的开发，甚至包括旅游传媒、影视策划、名家经纪和实体书店，打造了一个立体综合的文化传媒平台。精典博维这个名字对许多人来说也许有些陌生，然而提起其独家签约的各路名家，用如雷贯耳来形容却并不夸张，如诺贝尔文学奖得主莫言，知名作家阎连科、阿来、麦加，书画家欧阳中石、何水法等。精典博维以出版起家，以其名家经纪业务知名，有着优质的版权资源、丰富的图书策划经验、良好的营销渠道和市场营销能力，是目前国内最大的民营文化传播公司之一。

华媒控股对于大众来说可能更加熟悉，作为杭报集团旗下的上市公司，华媒控股本身就拥有《都市快报》、19 楼等优质的媒体资源，近些年又收购了快点传播，成立了拓展影视业务的子公司华泰一媒，致力于多元化发展。

精典博维现有的网络文学业务，类媒体广告投放业务，影视剧本改编、推介业务是华媒控股未来重点转型的方向，而华媒控股的资源、影响力，也正是精典博维新业务的发展所需。华媒控股旗下的 19 楼网络平台拥有着庞大的使用群体，具有广泛的大众影响力；而快点传播则具有极强的渠道拓展能力，与湖南卫视、中国移动等都有着深度合作。这些资源都可以和精典博维的优秀文学著作权、文化产业项目的运作能力相嫁接，助力精典博维实现其业务拓展，提升精典博维的盈利能力，同时也能扩大华媒控股自身的品牌影响力。

因此，这笔收购看起来是一次双赢的合作，也顺应了当下正火的发展"互联网＋"的潮流，那么，陈黎明还犹豫什么呢？

让我们来看看精典博维从单纯的图书发行公司发展到今天的文化传媒集团所经历的种种考验，跟踪一下陈黎明为了抓住时机，提升企业的产业布局而在财务上所做的种种选择，就能理解他在此时此刻的心情了。

## 一、企业背景及企业的经营特点

出版传媒业由于其意识形态属性，一直受到国家的严格管控，公有资本和民营资本在这个领域内有过相当长的一段不平等时期，时至今日，在管理上还有着许多不同。因而以出版为主要业务的民营文化传媒企业和同领域内的国有单位所处的状态其实是相互分割的，不能一概而论，本部分着重于介绍以出版业务为主的民营文化公司的主要生存环境。

民营出版传媒机构经过三十年左右的发展，目前在整个行业中已经占据了举足轻重的地位，业内较为笼统的说法是占据了"半壁江山"。近几年民营文化企业在出版业中的数量占比均在80％以上，在地域上明显集中于北京，在出版领域方面对教育出版、大众出版及专业出版都有涉及，但主要集中在教育和大众出版领域。

中国的民营出版主要包括三个方面——出版物的选题策划、编辑，出版物的印刷复制，出版物的分销。新中国成立初期，民营资本是可以进入编辑、出版、发行等所有出版领域的，然而在1956年到1978年二十多年漫长的时间里，民营资本是不可以进入出版领域的。1978年起，随着改革开放的深入，民营资本逐渐回归，虽然经历了三十多年的改革，但目前出版业的民营机构仍无法获得出版权，只能从事图书策划、发行销售等工作。因此，民营文化传媒机构只能凭借自己丰富的策划经验、销售渠道和珍贵的版权资源吸引国有单位，通过挂靠出版社、项目合作或资本整合的方式与国有单位合作，才能完成出版发行工作。也正因如此，版权资源、策划能力和分销渠道，也成为民营文化传媒企业尽力追求的核心竞争力（见图1）。

编辑
- 此环节中民营文化传媒机构可利用版权资源与策划经验等从事图书选题策划、装帧设计等活动，此环节为民营出版业主要业务阵地。

出版
- 出版环节与书号、刊号直接挂钩，目前只有公有性质的出版社有资格申请书号、刊号，民营文化传媒机构必须与出版社合作，以出版社的名义出版。

发行
- 在发行环节中，民营文化传媒机构可自主从事印刷、销售等活动，充分发挥其渠道资源优势。相对于出版环节，发行环节利润较低。

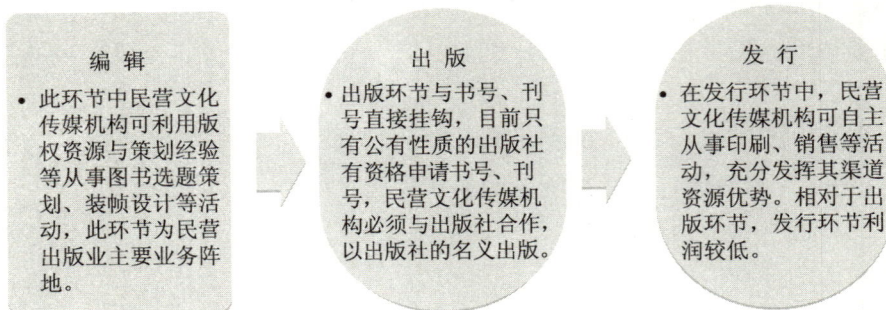

**图1　民营文化传媒机构的编辑、出版、发行**

在图书出版业的利润结构中，发行环节的利润只占 26% 左右。虽然民营文化企业可以通过图书选题策划、图书装帧设计、咨询服务等业务间接进入出版环节，但是发行环节依然是其主要业务基础。以亚马逊和当当网为代表的网络书店，传统的书店与主打特色牌的超级书城和连锁书店，以及图书批发机构仍是流通环节中民营企业不能放弃的阵地。

利润低是一个问题，资金周转慢、流动资金匮乏是另一个问题。图书行业的结算方式和惯例，进一步放大了现金流的困难。在图书行业，收款普遍采用的结算方式是按账期付款或按实际销售回款，一般通行的账期为 6 个月，而对图书印制、纸张采购等行业的付款，一般通行的账期只有 1 个月，对畅销书作家的稿费甚至可能需要部分预付。因此，成熟企业、大型企业和国有企业在资金调剂安排上就比较轻松，而大部分中小型的民营企业，尤其是以出版为主的企业，现金流往往是头等问题。曾经名噪一时的席殊书屋，其法人在 2009 年就曾因拖欠货款且拒绝配合执行被拘留。

此外，传统出版业还面临着数字出版和电子商务的冲击。数字出版是指依托传统的资源，用数字化的技术进行立体化传播的出版活动。它包括原创作品的数字化、编辑加工的数字化、印刷复制的数字化、发行销售的数字化和阅读消费的数字化。在这个大范畴下涵盖了互联网期刊和多媒体网络互动期刊、电子图书、数字报纸、博客、互联网广告等多种载体形式。就传统出版与数字出版的市场而言，二者各有优势。数字出版的发展起始于上游内容资源的数字化，而其市场的火热却是在终端市场表现出来的，例如电子书市场。目前，以电子阅读服务和硬件生产为主的终端市场在数字出版产业中占有较大比重，数字出版因其使用电子介质、无纸化发行的特点，在终端市场中具有明显的优势。电商平台的兴起对传统出版的影响也显而易见。随着电商平台在技术上的不断完善以及中国物流产业的发展与互联网用户数量的增加，网上书店对传统书店的挤压和对整个图书行业供需关系的影响越来越明显。

面对市场的发展和转型，整个出版行业都举步维艰，许多企业为了在这样的困境中突围，不得不开始了对多元化战略的探索，例如攻占网络市场，将业务向影视剧等方向拓展等。而对于民营传媒企业来说，在应对这些共同问题的同时，相对于国有企业还需要面对更多的制度上的限制与资金上的困难。而那些积累了业务拓展资金的企业，即便在具备制度条件的前提下进行了大刀阔斧的战略转型，也并不都能收获愉快的结局。

处于行业食物链底端，利润低，账期长，融资难，这些行业内民营企业普遍会面对的问题，精典博维也都经历过。正是精典博维在遇到这些问题时所做出的决策，成就了其在出版行业的领先地位，并成功将业务多元化，使其成为全产业链的文化传媒企业。可以说，陈黎明在不同时期、不同发展阶段选择的不同融资方案，为轻资产的民营文化产业提供了一种融资思路。让我们来看看陈黎明在企业发展中是如何做融资方案选择的。

## 二、陈黎明的第一次重大融资决策：负债还是不负债？

说起精典博维的故事就不得不从董事长陈黎明开始说起。

陈黎明 2000 年毕业于中国人民大学国际贸易专业，在大学期间，他就参与了一些出版活动并获得了对于一个在校学生来说不菲的收入。尝到了甜头的他萌生了在出版行业发展的念头，于是毕业后他去北大攻读了知识产权法的第二学位。2003 年起，陈黎明开始在中国人民大学出版社任职。这些年在出版行业的一路摸爬滚打，使陈黎明在北京出版界已经渐渐开始有了一些声誉。2005 年，陈黎明创建了属于自己的北京精典博维文化传媒有限公司。

精典博维在创办之初，业务主要集中在图书选题策划与发行销售上。

短短数年间，精典博维连续与金城出版社、新世界出版社等合作策划出版了《洪昭光健康养生精华集》《金字塔原理》《如何掌控自己的时间和生活》《上帝的指纹》等书籍，位列历年社科类图书畅销榜的前茅。其中《如何掌控自己的时间和生活》在 2006 年两会期间，被两会代表作为重点赠书掀起了国内的团购新高峰，引发了业界的普遍关注。

同时，精典博维与国际传媒巨头贝塔斯曼建立了长期的战略合作关系，在 2007 年、2008 年这两年间，精典博维连续被评为贝塔斯曼最佳供应商。除此之外，精典博维与最大的两个线上书商卓越亚马逊网上书店和当当网也保持着良好关系，曾被评为卓越亚马逊 2007 年度四星级供应商，获得当当网 2008 年度最具成长奖。

2008 年对精典博维来说，是有重要意义的一年。在这一年，贝塔斯曼宣布全面关停在中国的业务部门，撤出中国市场，其中国业务需要一家中国机构承接。最初精典博维的董事长陈黎明曾欲促成中国外文出版发行事业局与贝塔斯曼合作，但由于机制上无法对接，合作最终没能达成。在这种情况下，陈黎明做出了一个大胆的决定——让精典博维与贝塔斯曼尝试对接。由于之前与贝塔斯曼长期的愉快合作，陈黎明深得贝塔斯曼高层的信任，这个想法得到了对方的认可。

精典博维作为一家不知名的小公司去收购如此庞大的组织，可以说是一个"蛇吞象"的举动。贝塔斯曼开出的 1 000 万元的收购价格对精典博维短期内的现金流是一个非常大的挑战。以精典博维自己的资本积累是不足以完成此次收购的。这时摆在陈黎明面前的选择就是：负债还是不负债？不负债，就不能抓住这次机会；负债，就要承担财务风险和财务成本。

陈黎明做出的决策是：负债！最终，精典博维用知识产权在交通银行做抵押获得文化产业贷款，成功收购了贝塔斯曼在中国的出版业务和资产。

并购给精典博维带来了第一次的业务爆发。2008 年至 2009 年两年的时间，通过并购贝塔斯曼，精典博维收获了贝塔斯曼旗下的出版公司——杭州贝榕图书有限公司（榕树下），实力壮大了许多。关于精典博维与贝塔斯曼的这段经历，必须要提及的一点是，由于贝塔斯曼的常年支持和战略合作，精典博维获得了一个极佳的对外合作平台，先后和美国、欧洲、日本、东南亚、韩国等国家及地区的近千家国际著名出版机构进行了版权贸易和合作交流。而贝塔斯曼在中国本身就拥有安妮宝贝、韩寒、江南等国内知名作家的版权。此次收购使公司大大扩张了自己旗下的作家团队与图书版权库，签下了多个国内外一线作家及其作品资源。这也为公司后来的核心竞争力奠定了基础。

　　紧跟着并购的步伐，公司也开始了在影视方面的拓展。2009 年，精典博维与华谊兄弟、海润影视、天星传媒等知名企业深度合作，相继推出了《拉贝日记》《红海洋》《宝莲灯》等畅销影视作品，掀起了影视图书的热销浪潮。这些合作为公司未来向影视作品制作方向发力探了路、试了水。

　　此时精典博维的发展可谓是顺风顺水，蒸蒸日上。锦上添花的是，2011 年精典博维又迎来了一个开拓新的业务领域的好机会——北京市旅游发展委员会向其发出了承办《北京旅游》杂志的投标邀请。该杂志将由北京市旅游发展委员会定向投放北京所有四星级以上酒店逾 13 万间客房，同时还拥有在全国机场、高铁站和各旅游景点销售的潜在市场。那么，精典博维要不要接受这个邀请呢？

### 三、陈黎明的第二次重大融资决策：引入天使投资吗？

　　收购贝塔斯曼，陈黎明利用知识产权抵押获得了银行贷款，对于轻资产的文化企业而言，已是很大的杠杆了，其财务成本对于低利润的行业来讲也是一个负担。如果中标并承办了《北京旅游》杂志，那么一方面会给精典博维带来很大的业务拓展；另一方面，杂志的运营需要投入大笔营运资本，资金压力又将再次成为企业经营的关键问题。正如前面行业背景部分所提到的，图书行业的账期比较长，而且往往收账慢，垫支多。经营一本代表北京文化水平的旅游杂志，首先，要保证连续经营，每个月准时投放。其次，图片要专业，印制要精良。最后，为了体现精典博维的竞争优势，需要向名家约稿。要做到这些，资金必须到位。

　　陈黎明此时的思路是：先做出第一个判断——企业是稳扎稳打搞出版还是加速转型全面进击文化产业？如果选择前者，那么融资可以放缓；如果选择后者，那么就要做出第二个判断——选择哪条融资渠道？

　　对第一个问题，陈黎明选择了后者，积极参与杂志投标，并借此契机，全面拓展业务。他做出这个选择的理由有三点：第一，出版业的存量版图基本划定，加上电子书与互联网的加入，企业的生存与发展需要在业务类型上有所突破；第二，之前试水的名家经纪业务初见成效，即使没有投入杂志的营运资本压力，也需要进一步融资来签约一线作家，储备优质的版权资源，使之成为区别于其他企业的核心竞争力；第三，"互联网＋"的概念既是政府提倡又是市场选择，企业处于市场转型的关键时刻不能犹豫，要加大投入。因此，在现有业务和未来发展的双重资金需求压力下，陈黎明需要做出第二个判断——选择哪条融资渠道？

获得资金支持的传统渠道有股权融资和债权融资两种（见表1）。

表1　　　　　　　　　　　　获得资金支持的传统渠道

|  | 股权融资 | 债券融资 |
|---|---|---|
| 还本付息 | 无须还本<br>无固定股利负担 | 资金有到期日，需要还本；需要支付利息，且利息负担往往较重；财务风险较高 |
| 控制权 | 会分散企业控制权，甚至使企业面临丧失控制权的风险 | 对企业控制权影响较小 |
| 抵押 | 无须抵押 | 需要抵押；限制部分轻资产企业的融资能力，影响企业再融资 |
| 融资成本 | 相对较高 | 相对较低 |
| 财务杠杆作用 | 无 | 有 |
| 稀释原有股东份额 | 会 | 不会 |

所谓股权融资，就是企业的股东愿意将企业的所有权进行部分出让，用这种方式来吸引新的股东加入，从而得到企业发展所需资金。股权融资的优点很明显；首先，资金使用期限长；其次，股权融资没有定期偿付的财务压力，财务风险比较小；最后，股权融资还可以提升企业的资信和实力。不过，股权融资的缺点也是明显的；首先，企业将面临控制权分散和失去控制权的风险；其次，资本成本较高。股权融资所得到的资金是永久性的，没有时间的限制，不涉及归还的问题。而对于投资人来说，要想收回资金只能借助资本市场的股权流通来实现。

债权融资，简单来说，就是企业用借钱的方式来进行融资。与股权融资相比，债权融资需要到期偿还，并且要进行利息的支付，而且这种支付是定期的，会造成财务上较大的风险。另外，通过债权融资得到的资金，主要是解决企业营运资金短缺的问题，用途比较窄，而且会影响公司资产负债表结构。不过，它的优点是企业的控制权不受影响，与股权融资相比融资成本相对较低，另外还能获得财务杠杆效应。

不论是股权融资还是债权融资，都有明显的优势，也存在一定的缺点。企业在选择融资方式时，要根据自身的特点来选择，比如资金的用途、财务压力、企业控制权重要与否，这些都是在融资前需要考虑的问题。

那么，精典博维是怎么来做这一次融资决策的呢？

银行贷款是债权融资，申请过程较为简便，但是对于借贷企业或个人资信的审查十分严格，审批过程冗长，贷款额度一般为抵押物的50%到70%，贷款额度受限，而且会伴随长期的利息压力，可能会出现公司利润都花在偿还巨额利息上，辛苦"替银行打工"的情况。

天使投资是针对企业发展早期的股权投资。天使投资人挖掘有潜在市场价值的初创企业，对其进行股权投资以期到时成功退出获得较高的投资回报。天使投资作为股权投资，不需要抵押，不收利息；投资以后，部分天使还可以利用自己的商业资源，给初创公司带来更加开阔的视野和市场，这对于初创公司未来的进一步发展是十分有利的。而且天使投资对企业的资产负债表有一定的改善作用，可以扩大公司未来融资的杠杆基础。但股权融资会稀释公司的股权，管理者对公司的控制力将被削弱，天使投资的董事会成员对企业"指手画脚"的事情也时有发生。除此之外，天使投资往往还会伴随着一系列对赌协议与附加条款，给公司的发展造成一定的压力与限制。

两种融资方式各有利弊，陈黎明所做出的第二个判断是：引进天使投资！他做出这个决策的原因有两点：第一，过高的杠杆和过大的财物成本会拖垮一家高速发展的企业；第二，恰好天使投资者中有自己的大学同学，他们具有愉快合作的基础。基于此，精典博维接受了天使投资机构北京冷杉投资中心的天使资金。

有了以上两个基本判断，陈黎明在其发展最为迅速的时期，将其精力分配在了两个方面：一边在资本市场上积极融资；一边在文化市场上左右突击。

经过此轮融资，精典博维在投资和营运上的现金流压力得到了缓解，业务上取得了比较大的发展。

（1）发展了报刊事业部。精典博维投标并最终赢得了《北京旅游》的出版发行。该杂志的成功发行，为公司拓展杂志业务、获取广告收入，打下了基础。此后，公司承办了世界旅游城市联合会主管的《世界城市旅游》杂志、高端商务杂志《创享》，以及《北京故事》杂志，并承办了《首都旅游报》和《天津旅游报》，四刊两报的报刊事业部得到了长足的发展。

（2）发展了名家经纪事业部。有了资金支持，公司的名家经纪业务取得了突破性发展。通过收购贝塔斯曼，公司接触到了许多国内外一线作家，使陈黎明意识到了优秀版权资源的重要性，名家经纪业务就是源起于这个想法的。通过与知名作家的经纪业务合作，获得优先与作家签约的机会。2012年，精典博维的名家经纪业务正式开展，以带有诚意的价格（因商业原因略去具体签约费）签约了莫言、阎连科、大江健三郎等知名作家，负责名家的全方位经纪服务和作品销售等业务。

不得不提的是以陈黎明为代表的公司决策层对于文学领域的深刻理解以及对当前产业发展阶段及其关键因素的准确把握。陈黎明凭借着自己对文学的独到见解和对市场的精准分析，在业务启动之初圈定了一份签约目标名单，其中最大的成功当属莫言。在与公司签约仅六个月后，从瑞典的斯德哥尔摩就传来了莫言获得诺贝尔文学奖的消息，陈黎明随即陪同莫言前往斯德哥尔摩领奖。就在确认获奖当天，19家投资机构找上门，表达了投资精典博维的意向。几乎同一时间签约的著名作家阎连科和麦家，也在文学艺术上和商业上，给精典博维带来了成功与光环。麦家的《风语》获得多项嘉奖，阎连科更是获得了2014年卡夫卡文学奖。经过一段时间的经营，在精典博维的版图中，已囊括了大江健三郎、莫言两位诺贝尔文学奖获得者，以及阎连科、麦家、阿来、安妮宝贝、海岩、饶雪漫、沧月等五十多位知名作家。名家经纪业务是陈黎明在文化行业多年厚积薄发的创新业务，虽然这项创新业务也有一些薄弱面，但整体来说，完全可以称得上是一次成功的尝试。

## 四、停不下的融资脚步：连续多轮私募股权融资

广义的私募股权融资，是指企业上市公开发行募资之前各阶段的股权融资，包括向天使资本、风险资本（Venture Capital）和私募资本（Private Equity）的融资。一般而言，天使投资和风险投资更加早，是对处于概念开

发、种子培养，以及事业初创、试水市场时期的企业的投资。而私募股权则更加集中于提供成熟企业的市场扩张所需的流动资金、兼并收购资金及上市前的过桥资金。很多时候，私募资本也参与企业上市之后的定向增发。

从现象上看，多数利用了天使投资的企业，会继续利用风险投资、创业投资和私募资本，这有其内在的逻辑。精典博维也走了多轮融资的道路。分析精典博维的多轮融资，可以了解企业的决策依据。

精典博维引进天使投资后，伴随着业务规模的扩大，新一轮的资金压力自然而然地到来。在原有业务资金需求的基础上，新签约名家的签约费、图书发行量扩大和报刊业务扩大带来的占款，人才引进带来的人力资本增加，以及办公室扩大和 24 小时博书屋的建设成本，都给企业带来更大的资金需求，需要一轮又一轮的融资来支撑，直到企业上市。

沉重的资金负担来自快速的业务扩张。精典博维真的需要这么快的业务增长吗？真的需要这么多面的业务开拓吗？企业可不可以放慢脚步，慢慢消化自身成长带来的急迫性？陈黎明对这一系列问题的回答是：不可以慢！

为什么不可以慢？第一个原因是企业必须抓住文化产业发展的机遇。当风来的时候，必须张开翅膀。第二个原因是股权融资自身的逻辑，资本不允许企业停下来。装上了资本的发动机，就像机动车一样，确实是可以帮助企业迅速赶超人力、马力。但是，驾驭资本却不是企业家一个人的事情。企业家可以踩油门，掌方向盘，但车刹不在自己脚下。

激励企业家不断踩油门的一个机制是私募股权投资中的对赌条款，几乎每一个股权融资都有此条款。对赌条款是消除投资人和被投资人信息不对称的有效条款，为的是防止企业为获得高估值而隐瞒企业真实的财务状况，过高地预期融资后的盈利状况。根据对赌条款，若企业不能达到其承诺的指标，则投资者就有选择执行某些约定的权利，这些权利包括但不限于调低估值，获取更多的股份或让企业返还现金；增加投资人的董事席位；赎回或部分赎回投资。可见，对赌是投资人的看跌期权。根据行业的不同，对赌的标的有利润、利润增长率、销售增长率等。

虽然对赌协议会令企业家将各种预期尽量调至理性状态，但是面对难得的市场机遇，"赌一把"的心态也是一柄双刃剑。精典博维从来没有被保守的思想束缚过，所以也就一直在寻找利润爆发点的过程中竭尽全力与资本相互追逐。针对精典博维的产业特征,精典博维每一次的私募股权融资签订的对赌协议都是赌利润。越高的利润,得到越高的估值,获得越多的资金,反过来,也就要求精典博维实现越高的利润。

按照陈黎明的总结,在文化产业中,利润爆发点必然不存在于传统的复制中。它要么来自把握市场动向、引领消费风气的开拓性业务,要么来自市场本身的重大变革。前者要不怕试错,敢于投入,这显然需要资金支持;后者则要做强做大自身的优势,并能一直维持运转等到时机来临,这毫无疑问除了需要运气之外,还需更多的资金来支撑。自从陈黎明做出了引入冷杉投资的决策后,精典博维就在融资、开拓、再融资、再开拓的停不下来的脚步中飞奔。陈黎明自己在总结这种停不下来的融资脚步时对人大学子说:引入私募资本之前,自己虽有理想,却也只需要完成对家庭的责任,但是引入私募资本之后,自己的理想得到了更多的朋友的支持,更多的员工的支持,甚至国家的支持,同时也就承担了更大的责任——对员工的责任、对投资人的责任、对社会的责任。自己和家庭的生活安逸就被放在了很后面的位置,甚至可以忽略不计。

在这里需要介绍一下博书屋。2012 年,精典博维的 24 小时博书屋开始投入建设。这是一项饱受争议的决策。在全球实体书店受互联网商业模式的冲击艰难求存乃至纷纷停业的时刻,精典博维启动了自己的实体书店计划。24 小时博书屋作为首家民营 24 小时实体书店,意图将图书、数字阅读、小剧场、咖啡吧、名家讲堂、艺术品展示等融于一体,形成传统与现代结合的多元化文化空间。但这种以文化为重的商业,往往需要政府的支持才能维持,否则只能由企业自己贴钱支撑。该书屋在争议中开始建设,2015 年终于开业。

精典博维的估值飞快增长,进一步融资的可行选择范围扩大,主要可考虑的方式有风险投资、私募股权投资和银行贷款。

尽管如此,相对于银行贷款的审批条件、贷款上限、利息压力及其对资产负债表的不良影响,接受风险投资或者私募股权投资对精典博维来说仍然更具可行性和合理性。因此精典博维接受了投资机构及个人的资金,进行了第二、三轮的融资。杭州文广创业投资有限公司等参与了精典博维第二、三轮的融资。

　　这两轮融资支持了精典博维旅游传媒的发展，缓解了其旗下《北京旅游》《世界城市旅游》等杂志的营运成本压力。而精典博维又决定进一步扩张业务范围，将业务延伸至互联网产业与数字传媒领域。

　　传统的图书出版与杂志发行，毛利率通常在 20％到 30％之间，而在互联网尤其是移动互联网企业中，制作和发行数字阅读、动漫等产品的毛利率超过 80％的比比皆是。因此，传统的出版传媒企业选择互联网作为新业务的增长点是一种普遍趋势。精典博维建立了以半壁江山中文网和明月阁小说网为基础的互联网事业部，负责原创文学、品牌运营、文化垂直门户、移动阅读和衍生版权五大业务。

　　剧本开发是在开拓数字传媒领域的思想下精典博维做出的另一个尝试，公司目前已与浙江华策影视股份有限公司等建立了稳固的合作关系，开始进军动漫与影视领域。精典博维旗下汇聚了作家、画家、书法家、行业领头人等资源，随着影视市场的火热，对电影和电视的改编作品越来越多，很多剧本公司未来需要储备大量剧本资源，精典博维跟作家一起改编剧本，同时做版权投资。

　　2013 年是精典博维"跑马圈地"的一年，陈黎明试着把一家纸质出版机构变成一个传媒平台。在对精典博维董事长陈黎明先生的采访中，他这样表达自己对公司未来发展的规划：以"文化创意为核心，不局限于出版行业内部，向整个文化产业立体铺开，多行业共同开发"。

　　然而，大量的长周期合同带来的巨大营运成本压力有增无减，24 小时博书屋等固定资产建设投入不断，此时精典博维仅靠留存收益是无法支持公司的爆发式发展的。同时，此前的融资过程中签订的各种对赌协议也如达摩克利斯之剑一样悬在头顶。第二、三轮融资刚刚落定，新一轮的资金压力又扑面而来。

　　让我们回顾一下精典博维的融资历程，2011 年 8 月，北京冷杉投资中心（有限合伙）对精典博维进行了第一轮投资，占股 10％左右，精典博维注册资本总额变为 262.5 万元。2012 年 9 月，博大创投、某杭州投资人、陈黎明的同学成立的一只基金几乎同时与精典博维签订投资协议，三者占股 10％左右，并在 10 月打款确认投资，随后做了工商变更。其中，博大创投投资 500 万元，占股 3％～4％，粗略估算，精典博维当时的估值不超过 1.6

亿元。2013年5月，杭州文广创业投资有限公司等对精典博维进行了第三轮投资，6月北京瑞益创享文化投资中心（有限合伙）、北京科桥成长创业投资中心（有限合伙）等也对精典博维进行了大额的投资，同时冷杉成功退出。到2013年9月为止，精典博维的实收资本已由最开始注册时的200万元增长到了2 000万元。随着不断的融资与发展，精典博维的估值也在不断增长，截至收到华媒控股的收购邀约时，公司估值增长到了3亿元左右。

一轮又一轮的资金压力接连袭来，精典博维的融资需求像是被上了发条一样，开始了就停不下来。然而此时，这个体量远不是当初公司所面对的，答案早已经不像最初一样简单，精典博维迎来了更加困难的选择。

### 五、最后的融资决策：是否接受被收购上市？

走到了这个地方的精典博维，面对的已经不仅仅是融资的压力，此时摆在董事长陈黎明面前最亟须解决的问题，是投资者退出的压力。

风险投资本质上是一种追逐高利润、高回报的金融资本。风险投资的目的不是单纯地获取股息，而是通过退出投资赚取与之承担的高风险相对应的高额利润。因而，精典博维发展至今，就不得不面对投资者退出的诉求。

投资者退出的主要方式有上市、股权转让、并购、回购和清算。此时精典博维可选择的风险投资的退出方式主要有两种：上市和并购。

上市是通过将企业的股份首次向社会公众公开发行。这种情况下，风险资本一般会持有企业的股份直到公开发行，实现利润锁定，并且再将其投资所获得的利润分配给风险资本的投资者。而对于精典博维，上市又有A股上市和新三板上市两种选择。A股上市相对于新三板上市更便于筹措资金，有效改善财务状况，股权的自由流通有利于股权分散化，也有利于提高公司声望。但是缺点也十分明显：上市成本较高，对公司财务指标要求严格，手续复杂，排队时间漫长。新三板市场的优势也很明显，作为进入主板市场的快速通道，新三板门槛相对低了很多，对挂牌企业没有明确的财务指标要求，审批相对宽松，挂牌快，成本低，挂牌后还可以通过抵押股权获得融资、贷款，同时精典博维所在地北京市西城区还对新三板上市给予了一系列政策上的支持。但新三板上市也有其缺点，新三板目前尚不具备融资功能，而且新三板公司股权的流动性不高。

　　并购有三种类型，一是被上市公司收购。通过被上市公司收购，实现风险资金的顺利退出。二是借壳上市。具体经过两个步骤完成：首先，参股上市公司，逐步增加股权，达到绝对控股或相对控股的水平；其次，对已经控股的上市公司进行资产重组，剥离不良资产或与企业发展目标相背的资产，注入原公司的核心产品及技术。三是和上市公司共同投资。企业可出让核心业务与上市公司共同投资成立新的公司。风险投资人向上市公司转让其股权实现退出。

　　A股上市、新三板上市还是被收购？如果你是精典博维的董事长陈黎明，那么会做何选择？

　　陈黎明最终做出了他的选择——被上市公司收购。

　　最终，北京精典博维文化传媒有限公司100％股权在基准日经评估的价值为人民币30 722.91万元。华媒控股拟以10 752万元购买精典博维共35％的股权。此次交易完成后，华媒控股将成为精典博维的第一大股东。

　　此次交易完成后，若精典博维2015年度实现的归属母公司的净利润不低于2 700万元，则华媒控股将于精典博维2015年度审计财务报告出具后五个工作日内启动第二次收购的相关流程，按此次收购的估值，支付交易对价10 752万元，再次收购精典博维公司35％的股权。

　　若第二次收购完成且精典博维2015年度、2016年度和2017年度实现的归属母公司的净利润分别不低于2 700万元、3 240万元、3 888万元，则华媒控股将于精典博维2017年度审计财务报告出具后五个工作日内启动补偿机制，即按此次收购的估值倍数12.8倍，以2 700万元、3 240万元和3 888万元的算术平均数3 276万元为基数，调整精典博维100％股权交易对价（即精典博维100％股权价格由30 720万元调整至41 932.8万元），对已收购的精典博维的70％股权进行作价调整补偿，补偿价款合计不超过7 848.96万元。此外，为激励精典博维的原股东、管理团队和骨干员工，同意将完成的实际净利润超过承诺利润的部分的30％奖励给精典博维原股东、管理团队和骨干员工。

　　同时，华媒控股还将按此次收购的估值倍数12.8倍，以3 888万元为基数，调整精典博维100％股权交易对价（即标的公司100％股权价格由30 720万元调整至49 766.4万元），并收购精典博维剩余股权，收购价款不超过 14 929.92 万元。

2017 年收购完成后，精典博维原实际控制人陈黎明承诺 2018—2019 年每年实现的归属母公司的净利润较 3 888 万元的年均复合增长率不低于 5%。

正如我们开头所说，与其说这是一个主动的战略决定，倒不如说是精典博维在再次袭来的融资需求和投资者退出压力下的无奈之举。这个选择的正确与否我们还不得而知，只能靠时间去给出答案。

### 六、回顾与思考

回顾精典博维的整个发展历程，与资本的纠葛贯穿始终。一轮轮的融资使公司的股权结构从最初的陈黎明和吴梅林两人，一步步变化到被收购时包括众多投资公司在内总共 17 个股东。

这一融资历程为精典博维带来了巨大的发展。公司在工商部门登记的经营范围已涵盖了图书、报纸、期刊、电子出版物批发、零售；中国已出版的图书内容的网络（含手机网络）传播；设计、制作、代理、发布广告；销售文化用品、工艺品；企业策划；组织文化艺术交流活动（不含演出）。精典博维从最初注册资本仅 200 万元的小公司，一路成长为现在估值过 3 亿的大企业。资本在精典博维前进的每一步中，都扮演着至关重要的角色。

然而，就像精典博维董事长陈黎明先生自己所说的那样，"融资是一个停不下来的过程，也是一个公司业绩追逐估值泡沫的过程"。资本的本性是无情地逐利，投入的目标就是回报，它不会照顾一家企业的成长周期，也不会体谅企业领导者的情怀。创业公司享受到了资本带来的发展机会，就要付出使用资本的代价。以对赌协议为例，创业公司要满足投资人对公司业绩以及成长性的期望，就必须采取比较激进的扩张性的战略在比较短的时间之内提升公司的业绩，这种战略往往不符合公司原本的规划和健康的发展节奏，同时也会带来更大的持续的现金流需求，融资在创业公司的发展中也因此变得无法停止。

学习精典博维的案例，除了学习到融资决策的实务性知识之外，还向我们在理论上提出了更深层次的问题。

（1）虽然对企业来说，首先要思考的是资本从何而来的问题，但是，从宏观经济和政治经济的角度来看，私募资本对市场秩序的作用、资本的善恶，也是值得深思的问题。资本在一家创业公司的发展过程中到底扮演着怎样的角色？是播种希望的天使，还是张口吃人的恶魔？资本对一家创业企业所起的作用到底是助力还是剥削？

（2）中小企业融资贵、融资难已经成为老生常谈的话题。金融体系不够完善、资本市场不够活跃都是这个问题的成因。体制的完善要靠政府来完成，然而，在此之外，政府是否应该有更多的作为？如果政府对资本市场应该有政策干预，那么是该利用政策和法规来间接引导，还是该把自己的资金作为"引子钱"直接拉动社会资金和民间资本？而不论是哪种方式，何种程度叫做合适，何种程度该称为过度？

这些都是精典博维的案例带给我们的更深层次的思考，对于这些问题，不同人也许有着不同的看法，你的答案又是什么呢？

# 从创新中学会创新：北京兴科迪科技有限公司的发展之路

姜少敏　梁冠鹏　刘士方

北京兴科迪科技有限公司成立于 2003 年，注册资金为 1 000 万元。公司经营地址位于北京海淀区，紧邻西四环，东、北、西侧分别有颐和园、玉泉山和香山环绕，占地面积为 15 600 平方米，建筑面积为 12 000 平方米，是一家以汽车电子、车载信息娱乐多媒体、车载通信产品为主要业务方向，集研发、生产、经营为一体，创新引领的高新技术企业。其主要产品有自动防眩目内后视镜、胎压报警系统、带 CAN 总线的倒车雷达系统、车载麦克风、蓝牙、多媒体娱乐系统等。

近几年来兴科迪发展势头良好，销售额逐年上升。在前装供货市场，兴科迪的销售实现了每年 50% 到 70% 的增长。2013 年，市场的销售额为 7 000 万元；2014 年，销售额增加到了 1.1 亿元。根据企业自身的发展和市场情况，预计 2016 年销售额可达 2.8 亿元，2017 年销售额可以达到 5 亿元。

取得这样的成绩，站上今天的高度，企业一路上走过的却并非坦途，反而是经历了千难万险甚至走到过倒闭的边缘，又不断从失败中学习，向市场请教，屡挫屡起的成长历程。公司也是从仿制国外企业的相关产品起步的。在市场上，一方面，要面对强大的国外竞争对手例如博世、西门子等跨国公司的竞争，从创新视野、技术研发实力，到产品品质、营销资源和手段、服务支持能力等，这些公司均具有优势；另一方面，又要面对国内同行业仿制企业激烈的价格和市场覆盖能力的竞争。企业真是在夹缝中求生存。

　　为了让企业杀出一条血路，闯出真正属于自己的一片天地，兴科迪的创始人白云飞董事长决心带领企业转型，走自主研发之路。而真正走上这条路后，才体会到前途布满荆棘巨石，沿路暗藏绝境险滩。当初投入自主研发时，一切都不成体系，人才短缺，技术匮乏，市场不明，把企业手中所有的资金全数投入依然不敷使用。为了支撑下去，白云飞一方面四处借贷筹措资金，一方面和研发团队一起没日没夜地研究和解决一个个冒出来的新问题。两年半过去了，终于在 2003 年年初拿出了自己研发的第一批电子产品。大家就像看着自家的孩子一样，内心充满了喜悦和希望。

　　正当大家信心十足，翘首期盼好消息的时候，前线销售传来的却是意想不到的坏消息。产品被对方退了回来，原因是产品的研发设计没有通过相关的质量体系认证！这不啻是一阵骤风，把白云飞和他的团队从山顶一下推落悬崖。900 个日日夜夜的鏖战，经历了多少峰回路转，绝处逢生；几百万元东挪西凑的资金，面对的是多少故交亲朋的信任和支持。没有正规的研发经验，事前想的都是市场、产品、技术、成本，却偏偏忽略了这么一个要命的因素。这一击对常人来说几乎是致命的。白云飞的心也像是沉到了幽暗冰冷的水底。但是如果放弃，那么怎么面对一路并肩打拼过来的同伴，怎么向信任他的银行和亲友交代？白云飞明白，自主创新，就是一条不归路！没有时间消沉，只能尽快带领团队走出阴霾，东山再起。

　　坚定了继续走下去的决心后，白云飞冷静下来，寻找失败的原因。闭门造车看来行不通，虚心向客户请教才能摸清市场的脉动。通过与客户深入沟通、对自家产品进行复查，并广泛与同类国内外产品进行比对，白云飞得出结论：出现这样的后果一方面是企业产品研发缺乏经验和体系，导致创新程度不足；另一方面是不了解市场需求，产品不对路。他意识到产品创新要从收集市场需求信息入手，做细调研和信息收集，磨刀不误砍柴工。创新的方向要源于市场，眼界又要高于市场，研发要领先于市场。

　　这次从失败中凤凰涅槃使公司在研发理念、产品设计流程、产品性能需求、实验和生产的技术水平等方面上了一个层次。2003 年，公司很快通过了 ISO9001 质量管理体系与 VDA6.1 德国汽车工业质量标准认证，为今后打开国内外市场拿到了通行证。公司形成了重视研发队伍建设，不断自主创新，提升品牌知名度，同时积极参与行业标准尤其是行业国际标准的制定的传统。

接下来直到 2005 年，兴科迪几乎停止了所有的生产销售活动，凭借着 46 人的研发团队，耗尽了所有资产，以市场为师，专注于自主产品研发。期间，曾 37 次飞往德国学习考察，共计行程 667 000 公里。企业的创新之路越走越平稳，越走越宽广。研发体系逐步建立，技术积淀日益雄厚，市场需求判断准确，行业趋势把握清晰，产品系列不断扩充，参与制定的标准越来越广泛。正是这种向失败不断学习、向市场虚心请教、向顶级高手看齐的创新视野和卧薪尝胆的战略决策使得兴科迪终于走在了国内汽车电子行业的前列。2004 年，公司凭借自己独特的研发优势和过硬的产品质量，成为德国奥迪—大众集团的全球采购供应商和同步产品研发商。2005 年，公司成为一汽大众独家零部件国产化供应商，签订了相关产品的试制协议，确定了产品合作开发供货。这次的成功使企业在发展上迈出了关键的一步，也使企业在市场上找到了自己的定位。

面对公司所取得的成绩，白云飞感慨良多，不禁回忆起近年来公司所走过的艰辛但又令人自豪的发展之路，企业在面临困境时的艰难抉择，正是因为他具有置之死地而后生的胆识，企业才能够不断发展壮大。在发展的过程中，兴科迪始终坚持创新，不断打造自主品牌，遵循行业标准并积极参与标准的制定，使企业得到快速发展壮大，在同行业中具有了较强的竞争力。

北京兴科迪科技有限公司创始人董事长白云飞曾经拥有一份许多人羡慕的工作，收入稳定，前景良好。是什么原因促使他离开了这个许多人羡慕的"铁饭碗"呢？这源于白云飞无意中从报纸上看到的一篇报道。全世界每天因开车时接听手提电话而发生的交通意外事故高达三十多万例。这个数字深深触动了他，他想能否发明一种车内蓝牙免提系统，使司机在接听电话时可以不用手接，从而避免分散注意力而引发交通事故。从此，这个念头在白云飞脑海里生了根，也激起了他自主创业的热情。经过一番考察和深思熟虑之后，他打算辞职创业。但是，想法一提出来就遭到了全家人的反对。老父亲和他闹别扭，领导和朋友纷纷劝阻，但他最终还是放下了自己端了 10 年的"铁饭碗"，开始了自主创业的跌宕旅程。

## 一、卧薪尝胆，破釜沉舟：打造自主品牌

白云飞董事长以前做的是财务工作，对于如何创办和经营企业，完全是

个外行，资金还没有着落，完全要白手起家。当时他在技术上也是外行，为了摸索产品设计的方法，每天翻阅大量的技术资料，四处奔波请教咨询，最终他在多年好友的帮助下，筹措到资金，创办了企业。经历了大落大起，白云飞带着兴科迪的技术团队引领企业走上了快速发展之路，相继与一汽大众、法国雪铁龙、意大利菲亚特、英国路虎、上海汽车、东风日产等二十余家汽车厂家确立了业务合作关系。2008 年，公司的车载蓝牙免提系统成为"2007 年度国家级火炬计划项目"。目前，公司已通过了 TS16949 全球汽车行业质量标准认证。技术创新，掌握标准，就是掌握市场先机。白云飞正带着兴科迪开辟着属于自己的汽车电子行业领先之路。

在白云飞的带领下，兴科迪创造了一个又一个奇迹，也不断地在创造辉煌。产品从项目立项到调研，从手工样件到模具样件，从产品通过验证到得到 OTS 认可，从小批量生产到批量生产，均不到两年。其中，兴科迪的车载麦克 2005 年 2 月开始项目调研，2006 年 8 月开始批量生产，车载蓝牙系统 2006 年 2 月开始项目调研，2007 年 8 月开始批量生产，均仅用了一年半的时间。自动防眩目内后视镜 2006 年 10 月开始项目调研，2008 年 2 月开始批量生产，用时 16 个月。胎压报警系统 2008 年开始项目调研，2009 年 12 月开始批量生产。①

白云飞带领着兴科迪开发出一个又一个新产品，兴科迪公司的车载麦克、免提蓝牙、胎压报警、后视镜、倒车雷达等产品，具有多项专利，许多技术填补了国内空白，居于世界先进水平。这些产品不仅技术含量高，而且具有过硬的质量。据统计，兴科迪的交付产品装车不合格率小于 50ppm（即小于百万分之五十），这是非常高的标准。公司产品的千台索赔率中，免提蓝牙小于等于 0.5%，后视镜小于等于 0.05%，车载麦克小于等于 0.03%，胎压报警小于等于 0.01%，均居于行业领先水平。顾客满意度超过 95%，产品召回次数为零。② 先进的技术、过硬的质量、出色的产品使兴科迪成为同行业中的领军者。从公司最新的龙头产品——胎压报警器——中我们可以一窥端倪。

①　参见兴科迪科技有限公司内部资料。
②　参见兴科迪科技有限公司官网。

### （一）公司的龙头产品——胎压报警器

胎压监测系统（TPMS）已经成为中国汽车电子产业的研发热点，美国法律要求从 2007 年 8 月起在美国销售的所有乘用车和轻型卡车必须安装胎压监测系统，欧洲也颁布了相应的法规。中国是汽车消费大国，中国政府也在起草和制定类似的标准和法规，并将于 2017 年强制实施。届时，TPMS 的需求必将进一步增大。兴科迪敏锐地捕捉到这一商机，将胎压监测系统产品的研发作为公司的主要目标。

胎压报警器是对汽车轮胎压力异常有预防作用的汽车电子设备，胎压异常尤其是缺气会造成额外功耗、油耗、轮胎磨损等问题，影响车辆的使用寿命，严重时爆胎，可能危及驾乘人员的生命安全。胎压报警器虽然不能实现爆胎前的紧急警报，但是可以实现实时监测胎压，在某一轮胎胎压异常时，驾驶人可以通过车内终端得到警报提示，及时处置，以达到安全驾驶和节能减耗的目的。

兴科迪研发的最新一代 S50 胎压报警器采用的是国际先进的飞思卡尔胎压报警芯片，将压力传感器、温度传感器等都集中在一个主芯片上，胎压报警器的电池由索尼公司专门提供。控制报警器的总重成为产品和工艺设计的关键。按照汽车工程的要求，12 克以下的胎压报警器不需要单独做动平衡检验，而之前的胎压报警器重量都是 30 克左右。S50 胎压报警器产品重量仅有 9.3 克，实现了技术上的重大突破。此外，市面上大部分压力、温度传感器设计使用寿命通常为 4 年，而 S50 的设计寿命长达 8 年。同时 S50 胎压报警器可以实现防盗，一般情况下普通器械拆不下来。

产品出来了，离市场接受还有很远的路要走。没有经过严格的极端环境测试，汽车制造商不会贸然接受。S50 胎压报警器前后共计耗费了约两年时间，在各种极端条件下，进行了两万公里左右的实地使用测试。在零下 40 多度中国最北的小镇漠河进行了高寒环境的路试。在测试过程中，克服了一个又一个的问题，特别是高寒环境下的电池供电发生意外，多次实验之后与索尼公司合作开发了抗极寒专用电池，终于通过了检验。在我国最南的省份海南进行了高温高湿环境路试。按计划，还会在青藏地区进行高原环境路试，从而使产品经受更全面的严格测试和考验。目前，兴科迪公司新一代的胎压报警器已经开始向一汽供货。

目前世界上关于胎压报警器的标准主要有美国标准、日本标准等，都是强制标准，即新车出厂时必须装有胎压报警器，这是一个非常大的市场。兴科迪作为国际《乘用车轮胎气压监测系统性能要求和试验方法》的标准工作组成员，参与了标准的制定工作。

在不断改进和完善前装胎压报警系统产品的同时，兴科迪正在进军胎压报警系统后装市场。但是后装的胎压报警器有很大的安全问题，对技术的要求更高。因为气门嘴的向心加速度在汽车高速运行时非常大，贸然安装会很容易成为安全隐患。兴科迪的同类新产品的研发正在紧张而有序地进行中。为了提升胎压报警器在售后市场的占有率，目前正在进行外置胎压发射器的开发，此类产品能减少胎压报警发射器在装配过程中的拆卸轮胎的工序。

兴科迪公司的其他产品均具有独特的优势，主要的客户群体为一汽大众、上海大众、一汽轿车、一汽红旗、长安汽车、上汽集团、吉利汽车、长城汽车。

**（二）注重知识产权，申请专利**

在不断研发自主产品的同时，白云飞及其管理团队意识到专利和知识产权对企业的重要性，它们可以在竞争中有效保护企业的利益。虽然兴科迪从2005年就开始申请专利，但以前专利意识不强，无专业人员配备，合作代理机构也不稳定，专利量很少。截至2010年年底，共申请专利27项。

从2012年起，因公司产品种类不断增多，知识产权风险越来越大，白云飞和管理团队对知识产权日益重视。配备了专业的管理人员3名，并与2~3家专利代理机构进行了紧密合作。每年定期安排知识产权管理人员参加外部培训。邀请外部知识产权专家对全体人员进行培训，全面提高知识产权意识。邀请专利专家对技术人员进行有针对性的培训，对产品研发整个生命周期如何形成专利、知识产权进行了系统的培训。

兴科迪于2013年成为北京市专利试点单位。为了提高公司知识产权管理水平，响应北京市知识产权处的号召，按照《海淀区企业知识产权标准化管理指导规范》和《企业知识产权管理规范》，2013年兴科迪进行了知识产权管理体系的建设，2014年10月完成了管理体系文件的上传提交，目前公司正在等待验收。

## 二、加大投入，打造一流的研发队伍，创新引领发展

所谓创新，按照熊彼特的解释，就是要建立一种新的生产函数，即由企业家进行的对生产要素和生产条件的重新组合。熊彼特把这种新组合归结为以下五种情况：（1）引进新产品或生产出更高质量的产品；（2）使用新的生产方法；（3）开辟新的商品市场；（4）获得原料或半成品的新的供应来源；（5）实现企业的新的组织形式。

而创新的投入则是启动创新和维持创新的基础。创新投入能力是指企业技术创新活动中投入的资源的数量和质量。按照国际通行的方法，可以将企业技术创新投入分为 R&D 投入和非 R&D 投入。其中，R&D 投入集中体现在资金投入和人员投入上。资金投入指研究开发、新产品生产准备、新产品营销等创新过程中各阶段所需资金的筹集能力和运作能力。人员投入指研究开发、新产品试制、新产品生产、新产品营销所需要的设计、工艺和售后服务人员的招募、培训、调配能力。非 R&D 投入主要包括市场研究、设计、工艺和原料准备、广告和销售费用等。兴科迪公司在创新资源的投入上十分重视。具体体现在以下几个方面。

### （一）建立具有较强研发能力的队伍

"创新为先"，这是兴科迪从无数次失败中总结出的真理，只有不断创新，才能在同行业中居于领先地位，才能实现企业发展的宏伟目标。白云飞把"成为国内外一线品牌汽车制造商的供应商"作为企业发展的目标。技术创新固然不能离开一定的物质技术条件，但所有这些条件的实现最终还要靠人。因此，他首先致力于研发队伍的建设，投入大量资金，招聘高素质人才，其中，招聘研发博士生 2 名、硕士生 12 名，公司员工中具有本科及以上学历的人占总人数的 84%，这就保证了公司在汽车电子的软件开发、电子产品设计、蓝牙通信、机械制造等方面具备很强的研发能力和应用转化能力。这样的技术研发团队以及相对于企业规模和营销收入而言的"巨额"的研发投入在同类中小企业中是很罕见的。

目前，兴科迪拥有一个四十余人的研发团队，其中拥有博士和硕士学历的人占 40%，都具有三年以上汽车电子产品开发经验。

不仅如此，兴科迪针对管理和生产技术问题定期对管理层和员工进行培

训，使研发队伍和公司全体员工不断更新知识和技能，以适应不断进步的时代，跟上瞬息万变的市场和行业发展的脚步。例如，2015 年 8 月 31 日至 9 月 2 日，兴科迪公司专门邀请德国 DIM 咨询培训公司进行了为期三天的管理培训，专注于科技企业咨询培训的克里斯蒂安娜·贝尔内克工程师对兴科迪公司的高管和全体员工进行了不同阶段的科技企业运营管理技能和市场营销技能的培训，其中包括创新管理、品牌战略、产品差异化、DISG 模型分析、商业模式等内容。这些培训既开阔了兴科迪全体工作人员的国际视野，也使得他们从国际视角看待兴科迪公司作为中国汽车电子行业的领先企业与成为国际化大企业之间的差距，并在认真思考差距之后坚定了做大做强的信心和找到了应对国际竞争的利器，即面对市场，持续创新，技术制胜。

另外，兴科迪还会定期组织员工参与知名品牌的产品发布会，参与国际上与汽车零部件及整车相关的展览会，例如汉诺威工业博览会、汉诺威电子展等，收集未来产品的信息，了解未来产品的发展方向，为把握行业发展的趋势和节奏、保持产品的竞争能力做技术积累，为制定公司的产品布局提供必要的依据。

兴科迪建立了高水平的研发队伍，充分发挥和利用了自身的力量和优势。与此同时，兴科迪还与一些高等院校和科研机构建立了联系，希望打造产学研一体化的模式。这是一种双赢模式，一方面，企业技术开发的难题可以从高校和科研机构得到帮助和支持；另一方面，也可以把高校和科研机构的最新成果应用到企业中，实现新产品和新技术的市场化和商业化。因此，白云飞除了与清华大学不定期进行技术上的学习交流外，还与清华大学的科研技术人员签订了《产学研合作协议》，成立了项目推进小组，对产品进行了全面的分析、研究，为产品的研发和实验提供了有力的技术支持。随后，公司又相继与北京邮电大学、北京航空航天大学、中科院、航天二院、航天五院、北京航空重点实验室建立了产学研合作关系，使公司的研发工作具有独特的优势。

熊彼特的创新理论尤其强调企业家在创新活动中的决定性作用。他认为，创新活动是由企业家来完成的，企业家是推动创新的最重要的力量。企业家必须具有远见卓识，不仅从技术层面对新技术、新发明具有透彻的理解，而且具有对信息的捕捉能力及对市场机会和市场前景的把握能力。企业家正是这样一些人，他们不断地寻找机会，把新产品、新技术、新原料和新工艺引入生产过程中，并不断进行企业的组织形式和管理形式的创新。

熊彼特认为，创新能够发生的关键在于企业家阶层的存在。他指出，追求利润只是企业家创新动机的一个方面，除此之外，企业家的创新活动还受三个方面力量的驱使：（1）建立一个私人商业王国的愿望；（2）克服困难和表明自己出类拔萃的愿望；（3）创造和发挥自己才能带来的欢乐。正是在这些力量的推动下，企业家才具有更强烈的创新的冲动。所以，企业家精神的核心是具有远见卓识、首创意识、预见性，敢于承担风险、锐意进取。从这个意义上讲，熊彼特所说的企业家已不是传统意义上的工厂主、经理。

正如我们看到的，兴科迪科技有限公司的发展就是一个不断创新的过程。企业的管理者白云飞在兴科迪的创新和发展中发挥了至关重要的作用。从某种意义上讲，他更符合熊彼特所论述的企业家，具备真正的企业家精神。兴科迪经过十几年的发展及不断地创新，拥有内后视镜、胎压报警器、车载麦克风和车载蓝牙共四个平台的几十种产品，其中车载麦克风与同类产品相比具有绝对优势，占 79% 的市场份额。车载蓝牙免提系统成为科技部"2007 年度国家级火炬计划项目"。2013 年 9 月，兴科迪的汽车多功能自动防眩目内后视镜获得国家火炬计划产业化示范项目证书。最新一代的胎压报警器重量只有 9.3 克，按照汽车工程的规范，不需要单独做动平衡检验，大幅降低了后装报警器的复杂程度，同时成倍地延长了产品的使用寿命，大幅降低了使用成本，实现了技术突破。

**（二）设备投入**

在研发队伍的建设上投入大量资金的同时，兴科迪科技有限公司还将大量的资金用在新设备投入上。因为只有先进的设备才能为创新活动提供坚实有力的技术支撑。技术创新也需要先进的制造能力做保证，比如新产品试制能力、新产品生产能力、生产配套能力等，只有先进的设备才能生产技术先进的产品，才能保证先进的制造能力。兴科迪的设备投入如表 1 所示。

表1                                兴科迪设备投入概况

| 序号 | 类别 | 名称 | 型号 | 厂家 | 备注 |
|---|---|---|---|---|---|
| 1 | 软件 | 设计管理软件 | PLM 系统 | 北京清软英泰信息技术有限公司 | 80 万元 |
| 2 | 软件 | 硬件设计软件 | AD6.9 | Altium | 35 万元 |
| 3 | 软件 | 三维设计软件 | CATIAV5R19 | 达索公司 | 60 万元 |
| 4 | 软件 | 二维设计软件 | AUTOCAD2008 | Autodesk | 5 万元 |
| 5 | 软件 | 软件开发工具 | Freescale | | 芯片软件编写 |
| 6 | 设备 | 示波器 | DSAx2012A | 安捷伦 | |
| 7 | 设备 | 模拟信号发生器 | N5181AMXG | 安捷伦 | |
| 8 | 设备 | 射频频谱分析仪 | N9320B | 安捷伦 | |

资料来源：根据公司内部资料整理。

### （三）创新管理能力

创新管理能力是企业发现和评价创新机会、进行创新决策、组织管理技术创新活动的能力。创新管理能力主要由三方面反映：创新战略管理能力、创新机制的建立及运作能力、创新过程管理能力。

创新战略作为现代企业战略管理中的核心战略，其选择正确与否直接关系到企业在市场竞争中的命运。企业应该明确自身所在产业的技术类型，对该产业在未来的技术变化趋势有所把握，认真分析竞争对手的创新战略。同时企业应该了解自己的技术能力，选择技术创新的主攻方向，合理分配有限的创新资源，求得最大的社会效益和经济效益。良好而有效的创新机制能使创新人员人尽其才。创新过程管理能力是指企业面对创新过程的风险性和复杂性做出决策的应变能力。

一直以来，兴科迪科技有限公司都把创新作为企业的核心战略，对市场的动态把握也非常精准。兴科迪积极参与制定行业标准，目前兴科迪参与制定的标准项目共3项，其中国家标准2项，联盟标准1项。同时，兴科迪公司十分鼓励员工进行产品的创新，制定了一套关于产品创新专利的奖励机制，鼓励员工申请专利。所获专利数量和质量远远高于同等规模企业的水平。

**（四）具有先进的试验能力**

汽车电子产品尤其是前装产品均要求在不同环境下尤其是极端环境下进行检验和测试，只有通过严格的检验，产品才可能得到汽车厂家的认可。经过多年发展和积累，于 2006 年成立的北京兴科迪科技有限公司试验中心有多个专职试验工程师，以及超过十种汽车零部件的试验积累。

兴科迪希望实验中心不仅检测企业自己生产的产品，而且能对外提供相应的测试服务，成为汽车电子产品检测领域里一个合格的、可靠的、有自己特色的测试服务供应商，并于 2014 年 6 月份注册为独立法人机构，将兴科迪实验中心命名为北京奥德科汽车电子产品测试有限公司（以下简称奥德科实验室），注册资金为 200 万元。目前，实验室拥有员工 12 人，已拥有仪器设备 100 余套，总资产为 2 000 多万元，试验场地面积约为 700 平方米（其中恒温面积约为 80 平方米）。奥德科实验室严格依照《实验室资质认定评审准则》《检测和校准实验室能力认可准则》的各项要求，努力建设独立运行的质量管理体系，并不断完善和持续改进。自实验室成立以来，兴科迪投入了大量资金，使实验室设备日趋完善，能够进行的测试也越来越齐全。试验项目能力涵盖声学检测、电磁兼容、环境试验（温度湿度、机械振动、水试验、光老化、防尘试验、阻燃试验）等与汽车电子产品检测相关的各类试验标准。

可以说，无论在人力（试验工程师）还是物力（内部实验室）上，兴科迪都投入了巨额的资金，耗费了大量的资源，牺牲了眼前的利益，为更多更好的产品的开发和商业化奠定了坚实的基础。

## 三、知己知彼，百战不殆

汽车电子产品行业有很多厂商，兴科迪的竞争对手很多，主要的领军者是德国的博世集团和西门子公司。白云飞非常赞赏德国人对于技术的高标准严要求，特别是德国企业对于技术和产品精益求精的态度。他本人和企业的技术骨干也曾多次到德国参观访问学习。学习多家企业的管理理念，了解竞争对手的产品和技术，使自己不断发现不足，找出差距，找对方向，并在不断学习的过程中提高企业自身的管理水平、技术能力和核心竞争力。

博世联合汽车电子有限公司在中国汽车电子行业市场中的份额一直保持

在 40％左右，遥遥领先于国内自主品牌的汽车电子企业。西门子威迪欧汽车电子集团的市场份额与博世不相上下。博世和西门子的相关产品在市场上具有比较大的优势，它们的产品目前与兴科迪并没有直接的竞争。兴科迪正是在对其进行了解和研究的基础上，发现了机会，学习了其先进的管理理念和技术，同时另辟蹊径，打造了属于兴科迪自己的产品。经过十几年的发展，兴科迪的主要产品在国内均具有很高的技术含量，占据相当大的市场份额，是一汽大众等著名合资汽车制造厂商的 A 级供应商或核心供应商，并且兴科迪也在积极拓展海外市场。

强大的竞争对手在给兴科迪带来非常大的压力的同时，也给它带来了发展的动力，促使兴科迪不断地通过创新来缩小与对手的差距，在了解对手并不断学习对手的先进的技术及管理方法的过程中，不断完善自身。未来汽车会越来越多地采用电子技术，汽车电子产品市场规模会越来越大，这会为兴科迪的创新研发之路提供广阔的发展前景。

### 四、变被动为主动，积极参与产品相关标准的制定

根据汽车安全的要求以及汽车电子产品的市场规范，需要及时制定相关技术标准。兴科迪准确地把握了这一技术标准化趋势，完成了从被动接受行业标准到积极参与制定行业标准的转变。这种转变对企业的发展具有重要的意义，这意味着企业在未来的生产与销售中将拥有更大的主动权和话语权。目前兴科迪参与制定的标准项目共下述三项，其中国家标准两项，联盟标准一项。

（1）道路车辆功能安全系列标准。2012 年 9 月，通过参加在北京举行的第一届道路车辆功能安全标准及应用国际研讨会，获知全国汽车标准化技术委员会要启动道路车辆功能安全推荐性国家标准的研究和制定工作（标准计划编号：20120223－T－339）。兴科迪在 2013 年 1 月向全国汽车标准化技术委员会提出了成为道路车辆功能安全推荐性国家标准制定工作组成员的申请，经过与全国汽车标准化技术委员会秘书处的多次沟通，最终确定兴科迪为核心小组成员。

（2）《乘用车轮胎气压监测系统的性能要求和试验方法》。该标准属于强制性标准，是以原有推荐性标准 GB/T26149—2010 为基础的，项目计划编

号为 20130051 - Q - 339。

2013 年 7 月，兴科迪参加了在北京召开的乘用车轮胎气压监测系统强制性国家标准制定准备会。此次会议后，兴科迪提出了成为该标准起草小组成员的申请，于同年的 9 月，兴科迪被正式批准成为该标准的起草小组成员。目前该标准已形成报批稿，并将于 2017 年执行。

（3）中国可穿戴计算机产业技术创新战略联盟标准。兴科迪作为中国可穿戴计算机产业技术创新战略联盟标准的副理事单位，积极参与了该标准的起草工作。2015 年年初，兴科迪参与起草该标准并在同年的 5 月完成草案。2015 年 6 月在兴科迪召开第二次会议，对该联盟标准的草案进行征求意见。目前该标准还处于在联盟内征求意见并不断修改的阶段。

### 五、营销创新，发挥本土化企业的优势

新的营销模式正在出现，客户的个性化需求日益突出，好产品包打天下的模式开始被颠覆。创新需要相关企业的相关人员协同进行，长期合作的企业间的协同工作关系越稳定，协同的环节越向前期延伸，配套（零部件）企业对整装企业需求的把握也就越深入。协同由低层次起步，经过逐步积累，最终建立更高的竞争门槛。对比传统营销方式，即将高额费用投资在营销人员和市场活动上，对技术深层协同的双方来说，新的营销模式是更加高效和低成本的协作方式。配套厂商推销的不仅是自己企业为所有市场研发的产品，而且是本企业的"创新服务＋个性化产品"的组合。在产品的价值实现过程中，企业为了推销自己的产品，需要单打独斗，经历重重困难，现在则逐渐变为"携手的华尔兹"，即供求双方的合作，供给方深入了解需求方的特殊需求，并加以配合，提供合适的产品，完成销售。在协同的过程中，发现新的创新点和机会，推动进一步的创新和销售。

作为本土企业，兴科迪因为条件所限，所以无意之间在营销方面践行了创新的协同发展营销模式。兴科迪的营销人员长期泡在客户的现场，推销自有产品，在提供贴身服务的同时，帮助顾客制定相关的规划。人员厉行节约，各项费用大幅低于国际大企业的营销人员，把有限的资金用在刀刃上。和用户频繁深入地沟通，极尽所能，不分分内分外地帮助客户。好产品，好态度，好服务，有竞争力的价格，长期稳定的创新伙伴，兴科迪就是这样不

断在销售上实现一个又一个的突破。例如，突破行业最严苛的标准，攻克神龙就是兴科迪在销售上的一个大胜利。神龙是由东风汽车公司与法国标致雪铁龙集团合资兴建的汽车生产经营企业，1992 年 5 月 18 日成立，总部位于湖北武汉。神龙对汽车电子供应商的选择在 2015 年之前一直沿用法系汽车的评审标准和流程。但从 2015 年开始，评审标准和流程有了一个转变，神龙引入了通用汽车的标准，在通用汽车标准的基础上加了一些法系汽车特有的标准。整合后的标准的各项评审指标都高于行业正常水平，被公认为是行业内最严格、最难突破的一套标准。100 多页的评审标准，每页多达 20 多项，从研发流程、品质要求到生产控制各个方面的要求都非常细致。例如，高温测试需要达到 105 摄氏度，而正常行业水平仅为 90 摄氏度。对供应商的审核次数更是多达 6 次，包括定点前的 2 次审核，定点后的 4 次审核。

对于兴科迪这个中小民营企业来说，成为神龙的供应商，看似不可能完成的任务，最终在兴科迪公司上下齐心努力下成为可能。2015 年兴科迪与神龙首次洽谈的产品是自动防眩目内后视镜。兴科迪是国内首家做自动防眩目内后视镜的企业，属于国家火炬计划产业化示范项目。该产品优势如下：（1）镜片采用进口 MAGNA 镜片，质量稳定，防眩响应快，在 4 秒到 7 秒内便可迅速响应；（2）能满足各种复杂环境如高温、低温、颠簸振动环境下的使用要求；（3）PCB 设计经验丰富，可实现镜片的多级灰度防眩，稳定可靠，抗干扰、抗电磁能力强，满足 EMC 试验的要求；（4）内后视镜功能配置灵活，可根据客户要求进行定制。

通过全公司上下一致的努力，最终兴科迪凭借过硬的技术、优质的产品和完美的销售成功攻克了神龙，即将进入批量供货阶段。至此，神龙是继一汽大众、上海大众之后，兴科迪成功进入的第三家合资品牌汽车厂。

## 六、跟踪行业最新发展，使企业立于不败之地

兴科迪作为一家拥有领先技术优势、集研发与生产为一体的汽车电子公司，积极跟踪汽车电子行业和电动汽车的发展趋势。为了能够不断提高市场地位，走在产品创新的前头，兴科迪每年都会给自己制定严苛的新项目研发计划。2015 年年底，兴科迪研发部积极制定了 2016 年的 30 个新项目的研发目标计划书。目前正在研发和计划研发的新产品有汽车无线充电设备、WiFi

设备、系统集成设备、汽车与其他智能设备如手机等的兼容性产品等。兴科迪公司致力于将汽车电子产品在主动安全、被动安全的基础上向娱乐化方向发展。

在 2016 年的新项目中，其中一款代表产品是基于总线形式的数字车载麦克风。这款产品的研发技术属于国内领先水平，目前只有沃尔沃和奔驰两个高端品牌汽车在做预研。兴科迪意识到这款产品必然会从高端品牌逐渐向普通品牌推广，因此兴科迪果断将其列入研发计划，抢占前端市场，为后期铺路。

例如，兴科迪的车载蓝牙系统已经处于行业领先地位，但企业不满足于现状，把未来的着眼点放在进一步的更新换代上。目前，兴科迪正在深入地研究与开发，希望开发出的多功能免提蓝牙系统具备以下功能：用户通过手机 App 可查询车辆车身状态、行车状态及保养状态；用户手机 App 可及时提醒用户车辆异常，发送保养提示等信息；碰撞自动发送事故地址，自动呼叫预设定号码；4S 店远程对车辆故障进行诊断和排查；整车厂或 4S 店远程对车内零部件的固件进行升级。

不论从创新研发的数量来看，还是从研发的难度来看，兴科迪都达到了其他相似规模企业难以企及的高度。兴科迪一如既往地走在持续创新的路上，一旦停止创新，兴科迪就不复存在。

## 七、进一步需要解决的问题

和所有的中小企业一样，兴科迪既有着中小企业的优势，即因企业规模小而经营灵活，同时也有着中小企业共同的难题，如融资困难、贷款成本偏高等。兴科迪作为高新技术企业，需要不断地创新，推出新产品，对现有产品进行升级改造和升级换代。企业时时面临创新的高风险并且可能因为创新失败而遭受巨大的损失。解决好这些问题不能单靠企业，为中小企业特别是高新技术企业创造良好的发展环境并提供相应的政策扶持，需要政府发挥相应的职能。只有解决好这些问题，企业才能不断地发展壮大。

首先，关于企业创新的问题。根据经济学理论，创新产品具有准公共物品性。加拿大学者莫南（M. Mohnen）和里皮（N. Lepine）对创新的外溢效应做过测算，发现 R&D 活动的溢出效应是普遍存在的，R&D 投资的私人回报率或产业回报率平均为 20％至 30％，而这些投资的社会回报率为 20％至 100％不等，平均为 50％左右。社会回报率远远高于开发者的私人回报率，成本与收益不对称，从而影响了市场资源配置的效率。对于全社会而言，知识溢出或技术扩散越多越好、越快越好，可实现正的外部性，但是从高技术企业出发则相反。正是由于外部经济的存在，技术创新活动的投资者可能不能得到全部的回报，或者说自身的投资使他人或其他企业受益，而使自己的受益减少，这必将导致投资技术创新的动机减弱，进而损害高新技术产业的发展。对于上述市场失灵状况，市场机制自身是无法解决的。这个时候，我们就需要政府这只"看得见的手"发挥作用了。

国家可以通过专利和产权保护使企业在一定时间内维持创新收益，保护企业创新的成果，给予企业更大的创新激励。完全竞争市场的状态下，创新成果会很快被模仿，技术很快扩散，虽然从整个社会的角度来讲这是有益的，但会打击企业创新的积极性。从经济学意义上分析，正的外部性出现时，企业会减少供给，政府可以通过税收减免或补贴等经济手段，鼓励企业进行更多的创新活动。

其次，关于中小企业技术创新的国家支持问题。创新活动具有高风险、高投资的特点。需要大量的投入才能不断地进行创新。目前我国企业创新研发基本依靠自身资金，国家给予的支持很小。由于创新研发活动的成功率低，研发平均周期较长，投产后收回成本并实现盈利的周期可能也很长，因此可能出现投产后无法收回成本的情况（其中包括被新产品取代和不被市场认可等）。尤其是像汽车电子行业，产品升级换代速度较快，竞争的压力使企业有创新的冲动，但受自身财力的限制，同时还可能因为创新失败而承担亏本甚至倒闭的风险，企业的创新活动会受一定程度的抑制。

在国家鼓励"大众创业，万众创新"的新形势下，我国政府非常重视从无到有的创业行为，也为大众创业提供了很多的税收优惠和其他鼓励措施，但是同时也应该重视现有的中小企业的创新和技术改造活动。而且，因为是相对成熟的企业，已经经历过失败和挫折，这些已有的中小企业创新升级再创业转型的失败风险可能远远低于新创业的企业，从企业发展和社会的角度来讲更有价值，因此更应该得到国家和政府的扶持，尤其是税收扶持和贷款优惠，例如对研发投入的补贴、国家专项资金对创新失败风险的保障等。明确的税收扶持可以给创新企业一颗"定心丸",不因全力投入创新而使企业陷入税收负担重和营业资本不足的困难之地。

税收和贷款的优惠远远不够,高新技术企业的创新活动风险大,一款新产品、一项新技术可能要几经反复,一旦失败,企业就不仅无法收回成本,而且可能面临倒闭的风险。在这种情况下,国家可以考虑通过建立相应的风险分摊基金给创新失败的企业一定的补偿。

## 八、结束语

兴科迪创立并发展的十几年间,见证了中国汽车电子行业的快速发展。但该行业的关键技术还主要掌握在一些跨国公司的手中,国内企业还无法与之抗衡,因此兴科迪任重而道远。只有不断地创新,并从创新中寻找创新,发现机会,兴科迪的创新实力才能不断增强,企业才能进一步发展壮大。相信在不久的将来,在企业的努力以及国家政策的扶持下,兴科迪定能在汽车电子领域创造出一片新天地。

# 南方泵业：创新自主品牌 力拓国际市场①

门淑莲 龚 质

南方泵业股份有限公司是沈金浩先生（董事长）1991 年创建于浙江杭州的一家民营企业。该公司在全国最早研发并规模化生产不锈钢冲压焊接离心泵，现为国内不锈钢冲压焊接离心泵领域产销量最大的专业生产厂家，同时也是行业内率先研制、生产、销售管网叠压成套设备的企业。2015 年，公司占地面积为 128 000 平方米，拥有 8 家控股子公司，员工总数为 3 000多人，年产不锈钢离心泵 20 余万台，其产品销售总量、产品质量均居国内同行业首位。面对日趋激烈的竞争环境，公司始终坚持以创新打造自主品牌，以创新开拓国际市场，积累了诸多可资借鉴的成功经验。

## 一、以文化引领发展

"一个企业的庞大，靠的是企业文化，企业道德！文化带给你的能量会超越你的想象！"这是沈金浩董事长的话，也是全体南方泵业员工的共同心声。

企业文化是企业在长期经营管理实践活动中逐步形成的被企业员工普遍认同和遵循的经营理念、价值取向、思维方式、规章制度、行为准则以及外部形象的总称。从创业之初开始，沈金浩先生就高度重视企业文化的培育。

---

① 第一，本案例由中国人民大学经济学院门淑莲和南方泵业股份有限公司国际贸易部龚质合作撰写，作者拥有著作权中的署名权、修改权、改编权。未经允许，本案例的所有部分都不能以任何方式与手段擅自复制或传播。第二，由于企业保密的要求，在本案例中对相关名称、数据等做了必要的掩饰性处理。第三，本案例只供讨论之用，并无意暗示或说明某种管理行为是否有效。

经过多年努力，现已基本形成具有"十大特色"的南方泵业文化，即

——以"诚信共赢、超越自我"为企业核心价值观；

——以"心为水动、泽润八方"为企业使命；

——以"绿色水动力专家"为企业愿景；

——以"竞有道、创无限"为企业经营宗旨；

——以"感恩负责、协力进取"为企业精神；

——以"让客户更节约、让竞合更有力"为企业市场观；

——以"绿色引领、精专赢得信赖"为企业品牌观；

——以"品质见证成长"为企业品质观；

——以"上下同心、左右同行"为企业协作观；

——以"不论先到后到、只论贡献大小"为企业人才观。

## 二、以创新推动发展

"竞有道、创无限"是南方泵业的经营宗旨。讲"创无限"，就是要以无限的创新推动无限的发展。

### （一）技术创新：打造一流品牌

作为给排水设备行业的代表性企业，南方泵业二十多年来一直引领着行业的发展及技术创新方向，不断研发高效节能、绿色环保的新产品，努力提升客户的用水品质。公司成立伊始，就走上了一条以技术创新促品牌创新、促企业发展之路。通过大量研发投入，其海水淡化高压泵、能量回收装置、多出口注水泵、计量泵、油泵、大泵、消防设备等产品在关键技术方面不断取得重大进展。仅 2014 年，公司共完成各类专利申请 31 项，其中发明 5 项，实用新型 26 项，并获得 2 项发明专利授权。

2014 年 8 月 1 日，由该公司起草的国标 GB/T30299—2013《反渗透能量回收装置通用技术规范》正式实施，填补了我国海水淡化反渗透领域一项基础性标准的空白。到目前为止，以"轻型环保、外观精美"为特色的南方泵业产品已有近百个系列、上万种规格。其主导产品有 CDL、CDLF 系列不锈钢轻型多级离心泵，CHL、CHLF、CHLFT 系列不锈钢轻型多级离心泵，NFWG 无负压变频供水设备，DRL 恒压变频供水设备等。其中，CDL42 型轻型立式多级离心泵、CHL 轻型卧式多级离心泵先后被列入国家

火炬计划项目。CHLF 系列轻型卧式多级离心泵、CHLK 系列空调专用泵、WQ 系列污水污物潜水电泵、SJ 系列不锈钢多级深井潜水电泵、QY 系列自吸式气液混合泵、CDLK 系列浸入式多级离心泵、TD 系列管道循环泵、SWB 系列不锈钢卧式单级离心泵、SP 系列无堵塞自吸式排污泵、VMHP 系列海水淡化高压泵、NSC 单级双吸中开式离心泵、VTP 立式长轴透平泵等系列产品，性能指标均处于国内领先水平。众多主导产品被列入科技部、财政部等部门颁布的《中国高新技术产品目录》《节能产品政府采购清单》和《中国高新技术产品出口目录》。此外，公司还顺利通过了 ISO9001：2008 质量管理体系、ISO14001：24 环境管理体系、GB/T28001：2001 职业健康安全量管理体系、ISO10012：2003 计量检测体系、标准化管理体系、CE 认证等多项认证。

　　作为国内唯一承担"十一五"国家级科技支撑计划"反渗透海水淡化关键设备研制"项目中海水淡化高压泵研发的企业，南方泵业已成功研发出单台日产水量 500 吨、1 000 吨、3 000 吨、5 000 吨、8 000 吨、10 000 吨、12 500 吨和 20 000 吨的高压泵产品，并得到了广泛应用。2014 年 8 月 22 日，南方泵业承担的"海水淡化能量回收装置研发与应用示范"课题通过了科技部的验收，这种具有国际先进水平和自主知识产权的压力交换式能量回收装置可全面替代进口。2014 年公司 WQ 污水泵和 CDL 立式泵系列产品被列入《浙江省工业节水工艺、技术和装备推广导向目录》，为浙江省"五水共治"（治污水、防洪水、排涝水、保供水、抓节水）项目提供了可靠实用的新技术和新产品。

　　南方泵业各型工业用泵与城市用泵，从水力模型的优化、产品的制造加工过程到电机的配置等，都着力体现着高效节能，这也是其产品在北京鸟巢、人民大会堂、上海环球金融中心、迪拜棕榈岛、葛洲坝水电站、南极科考中山站、NASA 肯尼迪航天中心等著名工程中得到普遍应用的重要原因。2015 年，随着收购金山环保和中咨华宇的基本完成，公司成功实现了从传统制造向环保制造的转型，并为跨越式长远发展提供了持续动力和新增长点。

　　**（二）工艺创新：老厂脱胎换骨**

　　2011 年 6 月，南方泵业收购了原长沙长河泵业有限公司的全部资产。

公司面临两种选择：一是利用原有设备，对生产线略做改进后继续生产原有产品；二是完全推倒重来，采取新工艺推出新产品以适应市场需求。公司领导认真思考，反复论证，最终决定放弃简单的小改小造，而是充分利用自己独特的技术优势，着力打造拥有自主知识产权的泵类产品品牌。实践证明，这是一项虽有较大难度但有丰厚回报的决策。

**（三）组织创新：强强联合发展**

2015 年 10 月，南方泵业通过增发收购金山环保 100％的股权，形成强强联合的格局。金山环保是我国工业废水处理领域的知名企业，主要从事工业及市政污水环保处理业务，是国内一流的工业及市政污水处理整体解决方案提供商，其产品广泛应用于城市污水处理、汽车、化工、纺织、钢铁等行业。

作为国内较早的专业提供工业废水处理整体解决方案的企业之一，金山环保在行业内技术优势明显，与中科院、南京大学、清华大学等合作，开发了 MBR 膜、疏水特种膜、污泥处理等核心技术，拥有多项发明专利及实用新型专利，在维护客户资源方面也建立了较为完善的机制。自成立以来承建了一汽集团、丰田汽车、宝钢集团、哈药集团、重汽集团、中国石化、中国石油等的重点工程项目，获得了环保工程专业承包资质、机电设备安装工程专业承包资质，同时通过了质量管理体系、环境管理体系、职业健康安全管理体系认证。

而作为我国不锈钢泵龙头企业的南方泵业，是集江河取水、源水处理、市政供水、城市污水处理、防洪排涝于一体的综合性泵及成套设备供应商。2014 年，南方泵业对组织架构进行了调整，将公司从单纯的生产制造业向制造服务业及投资发展等板块发展升级，形成了"制造业＋制造服务业＋投资发展"的战略模式。南方泵业通过此次收购金山环保，确定了环保为公司第二主业发展方向，实现了从水泵产品制造业务向污水综合处理业务的延伸，同时也实现了从环保设备制造向环保服务类公司的跨越式发展，并成功转型为水处理设备和环保方案解决商，是工业 4.0、绿色制造的典型代表。这种"水处理设备＋环保业务"结构，可为企业的长远发展提供持续动力和新增长点。

2015 年 12 月底，南方泵业又使用自有资金购买了北京中咨华宇环保技术有限公司股东郭少山、朱安敏所持中咨华宇 30％的股权，交易金额为

21 600万元。双方约定：在中咨华宇实现 2015 年度承诺净利润的情况下，公司有权于 2016 年 4 月 30 日之前向中咨华宇股东郭少山、朱安敏直接以现金购买中咨华宇剩余的 70％的股份，按照中咨华宇 2017 年承诺的 11 050 万元净利润 12 倍 PE，70％的股份对应的价值为 92 820 万元。中咨华宇是专业从事建设项目全过程环境保护技术咨询与运营管理的综合性服务机构。收购中咨华宇部分股权，将促进优势互补：以中咨华宇在环保设计、环保治理、环境评估等领域的强大实力和丰富经验，结合南方泵业在资金融通、运营管理等方面的优势，合力将公司打造成国内"环保医院"的龙头企业。

回顾历史，我们看到了南方泵业不断创新、不断发展的历程。

2008 年，南方泵业被确定为浙江省高新技术企业，随后又成为浙江省先进制造业基地、浙江省诚信示范企业、国家火炬计划重点高新技术企业。

2010 年 12 月 9 日，南方泵业在深圳交易所成功上市，股票简称为南方泵业，股票代码为 300145。

2011 年 11 月 29 日，南方泵业商标"CNP"被国家工商行政管理总局认定为中国驰名商标。

2014 年，南方泵业从单纯的生产制造业向制造服务业及投资发展等板块发展升级，形成"制造业＋制造服务业＋投资发展"的战略模式。

2015 年，南方泵业扎实推进营销网络建设，并实施股权激励计划及员工持股计划，为企业发展注入新的活力。

由于产品技术质量过硬，多年来，南方泵业积攒了大量的客户，在国内所有大中城市以及中东部地区的二、三线城市均设有直属分支结构，拥有 100 多个网点和近千人的销售与技术服务团队。截至目前，南方泵业的营销服务网络已拓展到欧美、东南亚等海外市场，每年大量产品出口到欧美等 60 多个国家和地区，成为国内相关产品规格最全、出口量最大的企业，并努力向中国城市用泵第一品牌、中国第一水泵品牌和世界知名水泵品牌的目标不断迈进。

近五年来，公司营业收入年均增长 30％以上。2014 年，公司净利润总额为 1.97 亿元，是 2010 年的 3 倍。

## 三、以人才保障发展

沈金浩先生常说，"人才是企业创新之源，也是企业发展之基"。他还说，"三流公司忙于赚钱，结果可能赚不到钱，甚至无法生存；二流公司忙于做事，也许会在短时间内赚到钱，长期生存发展就不一定了；一流企业造人，把企业做成每个人发挥才能的舞台，给他们足够的尊重，赋予他们足够的责任感，让每个人都能有尊严地生活和工作，实现自己的梦想和人生价值"。他提出，要吸引人才，企业应当给予员工三份"薪水"：第一是工资；第二是价值认同（尊重）；第三是职业规划（晋升的通道）。

**（一）职业教育：培养人才**

为培养人才，南方泵业专门创办了南方管理学院。同时，利用该学院的优势资源，公司又形成了一套内部人员培训机制。

就职工岗位技能培训而言，采取的是内部培训与外部培训相结合的方式。内部培训包括仓库管理培训、产品质量意识培训、生产技术培训、Excel 基本操作培训等；外部培训包括质量、环境、职业健康安全管理体系内审员培训，以及由全国泵标准化技术委员会专家授课的水泵国家标准宣传培训、由中国质量认证中心杭州分中心专家授课的电机产品认证知识培训等。

根据公司业务的特点，在推行项目管理奖励制度的同时，公司还专门聘请有关专家进行项目管理的培训。通过培训，让员工明白什么是时间管理、成本管理、质量管理、人力资源管理、采购管理、项目沟通等，如何去实现资源综合利用的最优化，如何规避和减小项目风险，如何组织最佳项目团队，如何分析项目难点并找寻解决方案。

**（二）竞聘上岗：选用人才**

培养人才固然重要，但合理地选聘人才更为重要。为消除任人唯亲、故步自封、论资排辈等传统观念的不良影响，让"想干事，能干事，干成事"的员工脱颖而出，真正做到人尽其才、才尽其用，南方泵业逐步确立了"不论先到后到、只论贡献大小"和"能上能下、能进能出"的竞争上岗用人机制。随着中国整体经济的转型和新常态的到来，南方泵业也正在经历从生产制造业向生产制造业、制造服务业及资本运作并重升级转型的阶段，对人才的需求也越加迫切。从 2014 年 10 月开始，公司相继举行了TD泵管道线长、行政部长及行政专员、人力资源部等相关岗位的竞聘。本着公平公正的原则，竞聘采取笔试和演说结合的方式，让员工能从多方面展示自己。经过竞聘，有人从普通员工晋升成为管理者，也有人从管理者落选变为普通员工。

**（三）关心爱护：留住人才**

要想企业"上下同心"，首先要无微不至温暖人心。俗话说，"众人拾柴火焰高"，企业发展需要好的带头人，更需要一个团结奋斗的集体。二十多年来，南方泵业以"感恩负责，协力进取"为企业精神，通过中秋灯谜、国庆联欢等娱乐活动，以及送爱心基金、组织家访等，努力营造了一个员工"温馨之家"。

得知公司所属南丰砂铸分厂造型车间"状元"李刚的儿子考上国家211重点大学——贵州大学——的喜讯，公司马上送来了爱心基金。想到儿子作为留守儿童的艰难成长，想到自己远离家乡努力拼搏成为优秀员工的历程，想到公司领导和同事们的关心帮助，李刚真是感慨万千。

在南方泵业职工心里，大病救助有爱心基金，家庭困难有爱心基金，考学助学有爱心基金。让家住余杭区仁和街道双陈村的残疾人施航建意想不到的是，当南方泵业销售部部长马燕红了解到他一家四口多人患病，每月仅靠一千多元生活的时候，公司国内营销中心总监钱国明竟然给他这个"局外人"也送来了爱心基金。与爱心基金相伴的，还有一次次家访带来的温暖。生产一线装配工沈林龙在领导家访后性格更开朗了，工作更积极了，还在年度生产技能比赛中名列前茅；喜生贵子的人力行政部行政专员陈洋迎来"突袭家访"，与同事们分享了"累并幸福着"的心情。

南方泵业还流传着董事长亲送员工回家过年的佳话。为让员工查振海早些见到家人，2014年元月24日，沈金浩董事长凌晨4点半出发，亲自驱车500多公里，把查振海送到家，也给他的父母家人送去了公司的祝福和问候。

公司对员工无微不至的关爱带来的是员工衷心的感恩和无私的回报。当得知强台风"灿鸿"袭扰江浙的消息时，无须动员强调，南方泵业营运中心、零件分厂等有关方面的新老员工马上进入紧急抗洪状态。确定一天两夜的抗台值班计划和抗台预案，对各工作区域进行详细排查防控，紧急调运沙包、手电筒等应急物资，提前转移老厂区仓库可能被淹地段的物料零件，及时处理管道堵塞等各类突发状况，这些工作都被大家有条不紊地完成。当余杭地区黄色警报解除的时候，在大家心里，没有加班加点的埋怨，有的只是集体排难除险的喜悦！这也正好应验了沈金浩先生的那句话："企业文化带给你的能量会超越你的想象！"

### 四、以诚信维护发展

诚信是企业生存之本。讲"诚信共赢"，就得真心付出，让客户满意、让社会满意。2015年7月10日上午，浙江安吉县一客户给公司湖州办事处打来电话说，为预防第9号超强台风"灿鸿"可能带来的洪灾，急需对刚购买的500WQ2500-7-90水泵进行调试，以提前进入备战状态。不巧，湖州办事处的售后专员都已外出维修。为确保那台大口径排量的水泵正常运行，掌握售后维护技能的销售人员沈平毅然请缨赶赴现场。很快，公司华东大区区总钱国祥、技术支持部副部长余国富也闻讯赶来。台风登陆的脚步越来越近，但调试中的水泵却就是无法正常启动。结合现场工况逐项排查，最终认定是水泵下面存有污泥或是杂物所致，需要维修人员下水清理。面对眼前污浊的水面，自称潜水还行的沈平没有丝毫犹豫，当即下水检查。污水在他周围流动，恶臭让他刺鼻难忍，但他仍然坚持在水里来回摸索，终于将堵塞的杂物清除，水泵随即正常启动，现场响起一片掌声。

正是由于始终强调节能环保，履行社会责任业绩突出，南方泵业才被选为供水设备行业多项行业标准的参编单位及制定者，并赢得了"绿色水动力专家"的赞誉。为增强企业职工的社会责任感和环保公益意识，以"心为水动、泽润八方"为使命的南方泵业还专门在公司建了一个"大熊猫"旧衣回收站。由废旧衣服纤维和玻璃钢混合制作而成的"大熊猫"有着1.8米的高个子，圆鼓鼓的肚子，能容纳80多公斤的衣物。回收公司会定期来收集大家捐赠的衣物，经过分类、消毒、打包处理，再无偿捐助给贫困地区或受灾地区。对一些不能再穿的旧衣物，则制作成环保袋和拖布等，进行循环利用。

### 五、市场趋势分析与发展模式调整

#### （一）行业发展趋势

进入2016年，国内外经济形势更趋严峻。特别是国内传统装备机械行业处于持续调整和转型升级阶段，回暖明显乏力。但有一点可以肯定的是，先进的自动化装备和配套智能软件的推出乃大势所趋。南方泵业必须紧跟潮流，积极推进由传统制造型企业向实行机器人换人及系统化管理的创新型企业转变。

另外，国家在宏观政策特别是环保政策方面也对企业发展提出了越来越高的要求。我国自 2012 年 7 月 1 日开始实施 106 项自来水指标新标准，该标准的出台加快了国内泵行业不锈钢泵产品逐渐替代传统铸铁泵的步伐。2013 年 11 月 29 日，浙江省委十三届四次全会提出了"五水共治"倡议书，要同时狠抓治污水、防洪水、排涝水、保供水、抓节水五项工作，要以投资促转型、绿色治水保民生。2015 年 4 月 16 日，国务院正式向社会公开《水污染防治行动计划》（以下简称《水十条》）。继发布实施《大气污染防治行动计划》后，国务院印发《水十条》，这是我国环境保护领域的又一重大举措，充分彰显了国家全面实施大气、水、土壤治理三大战略的决心和信心。《水十条》确定的工作目标是：到 2020 年，全国水环境质量得到阶段性改善，污染严重水体较大幅度减少，饮用水安全保障水平持续提升，地下水超采得到严格控制，地下水污染加剧趋势得到初步遏制，近岸海域环境质量稳中趋好，京津冀、长三角、珠三角等区域水生态环境状况有所好转。到 2030 年，力争全国水环境质量总体改善，水生态系统功能初步恢复。到 21 世纪中叶，生态环境质量全面改善，生态系统实现良性循环。主要指标是到 2020 年，长江、黄河、珠江、松花江、淮河、海河、辽河七大重点流域水质优良比例总体达到 70％以上，地级及以上城市建成区黑臭水体均控制在 10％以内，地级及以上城市集中式饮用水水源水质达到或优于Ⅲ类的比例总体高于 93％，全国地下水质量极差的比例控制在 15％左右，近岸海域水质优良（一、二类）的比例达到 70％左右。京津冀区域丧失使用功能（劣于Ⅴ类）的水体断面比例下降 15 个百分点左右，长三角、珠三角区域力争消除丧失使用功能的水体。到 2030 年，全国七大重点流域水质优良比例总体达到 75％以上，城市建成区黑臭水体总体得到消除，城市集中式饮用水水源水质达到或优于Ⅲ类的比例总体为 95％左右。《水十条》的出台将直接导致从水源地到水龙头的全程监管。

就南方泵业而言，公司主导产品不锈钢多级离心泵具有节材、节能、环保的特点，符合国家有关环保政策。目前，公司在不锈钢泵细分行业中处于龙头地位，公司面临的主要竞争对手为国外同类产品泵企，国内能够进入该领域的生产企业尚未形成规模化销售，但未来进入该领域的国内生产企业将会增多，在发展战略、技术、资本、产品质量及服务等方面的综合竞争将越来越激烈。同时也应看到，随着国内城市化的发展，大量的包括管道、阀门在内的水处理设备制造业已形成强大的水工业，给泵产业带来了良好的发展机遇。

**（二）六个不利因素**

据不完全统计，2015 年，我国水泵产品制造厂家有 6 000 多家，产值在 400 亿元以上。行业内国有企业和国有控股企业的产值只占 30％左右，民营企业占到 50％以上。年产值排在前几位的也是民营企业。从国际市场竞争角度看，2008 年金融危机以来，我国水泵产品制造企业面临的压力在不断加大，主要表现在以下几个方面。

一是成本不断上升。公司成本主要包括原材料成本、销售费用、管理费用、固定资产折旧等。人力成本不断上升是近年来我国企业普遍面临的一个突出问题。从目前情况看，人力成本增长的幅度要大于原材料价格下降的幅度。而水泵属于劳动密集型产品，一线工人劳动成本增加的压力会更大一些。此外，在铜、镍、铁、原油等水泵生产原材料国际市场价格下降的情况下，境外采购商会对我国产品进行压价，而国内原材料价格变化又相对滞后，由此国内出口企业将面临两面受挤的情况。

二是技术力量薄弱，人才储备缺乏。我国企业在起步阶段主要以代加工为主，产品的自主创新能力不足，产品经常落后于市场需求。特别是在传统机电产品制造方面，欧美先进制造商不断提高技术壁垒，客观上增加了我国企业出口产品的隐性成本。如 2015 年，欧洲对水泵产品强制推行了电机的 IE3 标准（超高能效电机）以及水泵的 MEI 值标准（用于强制规定水泵产品的效率），这些技术标准大大提高了我国出口产品的生产难度。由于技术差距，对于某些高利润产品生产领域，我国泵企少有涉足。此外，作为传统的制造业行业，我国泵企人才储备尤其缺乏。这类企业需要从事出口业务的相关人员不仅具备一定的贸易基础，而且有一定的技术背景，而国内中小企业往往很难留住这样的人才。

三是国内企业无序竞争。由于传统的泵产品属于劳动密集型产品，行业门槛不高，因而产生了遍布全国的数以千计的中小企业。众多小企业多依附较大企业生存，有的地方甚至出现了"一企为泵、全民皆泵"的局面。这些企业有不少是没有专门技术、销售网络、售后服务的"三无"企业，但其凭借成本和价格优势可在"乱中取利"。更为严重的是，这些企业的产品在国际市场上以低价劣质的面貌出现，对"中国制造"带来了极大的负面影响。

四是国际品牌优势明显。欧美水泵制造业有着悠久的历史和强大的技术支撑。许多企业引领着整个水泵行业的技术革新，在世界市场上有着巨大的品牌效应。世界排名前五位的水泵企业（多为欧美企业）瓜分了80％以上的水泵市场份额。除过硬的技术实力外，这些企业还凭其丰富的市场经验、成熟的管理体制、灵活多变的商业模式，保持着强大的运营能力。此外，近年印度低成本制造的飞速发展，也给中国产品带来了较大冲击。

五是贸易壁垒日益苛严。在我国产品出口过程中，遇到诸多贸易壁垒。如美洲地区，大量推行 NEMA 电气标准，要求通过 UL 等电气认证。南美、伊朗等不断提高对中国制造的产品的进口关税。欧盟还推行新的贸易政策，进一步提高欧洲国家转口贸易时的原产地证要求，规定只有在欧洲进行组装产品的企业，才能够有欧洲原产地证，并在欧盟和部分非洲地区进行免税或者低税出口。各国各类保护性政策客观上拉高了我国出口企业的贸易成本。

六是外汇风险不断加大。由于公司出口业务主要以美元为结算货币，人民币对美元的汇率变动会给公司销售价格造成一定影响，同时也带来如何有效规避汇率波动风险的问题。就南方泵业而言，随着出口量的不断上升，外汇风险压力也在相应加大。

### （三）努力打造"制造业＋制造服务业＋投资发展"新模式

根据自身特点及行业发展变化情况，南方泵业将从单纯的生产制造向综合的制造服务领域拓展，同时推进投资并购的整合升级，形成"制造业＋制造服务业＋投资发展"的战略模式，为公司的长远发展提供持续动力。要抓住当前环保行业特别是水处理行业大发展的机遇，加快在环保领域的布局，充分利用资本市场平台，在水处理、水净化、海外市场等方面取得进展。同时，公司还将加快与国内外优秀行业及下游企业的合作和资源共享，为公司深入海水淡化、污水处理、智能水务等领域奠定基础。为此，公司今后一个时期将主要采取以下具体举措。

一是充分利用资本市场，加快实施转型升级。根据公司 2014 年的宏观战略布局，公司已重点对杭州临平厂区、杭州仁和厂区、长沙厂区、湖州厂区四个厂区进行了进一步投资，累计投入 7.8 亿元。根据对外扩张的需要，2014 年公司与西班牙水务公司签署了战略合作协议，以资源共享为基础，共同参与海水淡化和污水处理行业的建设、运营与管理，为公司深入海水淡化及污水处理市场奠定基础。在不断完善组织架构的基础上，公司还将逐步提高在环保、水务、供暖等领域的市场占有率。同时，还将充分有效地利用现有资金，加大公司收购、兼并、重组、合作的力度，在上下游相关领域积极寻求合作伙伴，努力使产业布局更加合理、产品系列更加齐全，为公司持续发展打下坚实基础。

二是进一步加大研发投入，切实提高产品质量。要在不断改善现有研发、试验条件的基础上，推进工艺流程改造，力争节能降耗，提高生产效率；对现有产品进行改进提升，开拓新的应用领域；根据市场及客户需求，逐渐增加新产品种类，提升竞争能力；引进研发管理精英，获取先进的理念，共享知识与经验，为公司的产品创新提供新的力量。

三是加强自动化改造，实现技术进步。要积极引入先进的自动化装备和配套智能软件，逐步实行机器人换人，实现对采购、生产、品质、销售的系统化管理，增强公司抗风险能力，逐步推进公司创新性转型。同时，要加大对信息化建设的投入，努力实现公司管理网络化、数据化、科学化，为工业4.0 做好充分准备。

四是强化内部管理，提高管理效率。全面推行预算管控制度，健全内部约束机制，进一步规范公司财务管理行为。要不断加强制度建设，将流程管理融入各项工作之中。同时，要强化管理层的宏观管理和协调职能，促进公司内部资源共享，提高公司扁平化管理水平和经营效率。

## 六、国际品牌推广六大策略

面对日益严峻的国际竞争环境，南方泵业在品牌推广、市场拓展方面主要采取了以下策略。

### （一）合理调整产品定位和推介重点

为打开国际市场销路，南方泵业曾以 OEM（Original Equipment Manufacture，原始设备制造商的缩写）大客户为主要销售对象。从 2015 年起，公司开始以扶植自身代理商为主，着力推广南方泵业自主品牌。同时，将产品主要定位在中端市场，以高性价比进一步提高产品知名度。推广重点为南方泵业全系列产品，而不仅仅是某单一产品。

**（二）以需求为导向提升技术和产品质量**

首先，为更好地满足国际市场的需求，公司将外销产品和内销产品的生产线进行分离，以与外贸产品加工的复杂性相适应。不同的国家和地区会有不同的参数要求，如电频、电压等。在外贸组装分厂率先使用半自动和自动流水生产线，以提高产品的稳定性。

其次，与欧洲分公司合作，进一步区分产品外形和产品性能，以提高外贸产品的区别程度。利用国外先进的水利模型，进一步提升产品性能，提高产品在国际市场上的性价比，尤其是部分拥有巨大市场却没有足够的价格和质量竞争优势的产品，如端吸泵系列、深井泵系列等。同时，树立全面质量管理理念，对产品品质进行严格监控。

**（三）优化营销网络，提高市场占有率**

公司本着"竞有道，创无限"的经营宗旨，以市场和客户为导向，不断加强营销网络建设。国内营销部以华南、华北、华东、华西四大区域为基础，不断提高售前、售中、售后服务质量和效率，提高销售人员开发市场的深度和广度，稳固老客户，积极发展新客户。国际营销部在外设立办事处和直销机构，积极开拓国外市场。

**（四）把握客户特点，完善营销方法**

1. 四类客户利弊分析

南方泵业的客户主要有以下四种。

一类客户，即传统独家代理商。独家代理垄断该区域内所有南方泵业产品的售前技术支持、销售以及售后服务。其优势在于，传统独家代理商一般都比较了解公司的产品。有些代理商在代理公司产品之前，就已经做过许多国际知名品牌的代理，故有较高的专业技术水平和现成的销售渠道。其劣势在于，受独家代理的限制，公司产品在代理区域内缺乏竞争。同时，传统的独家代理商多喜囤货，因而企业以前的促销方法也多以劝说代理增加库存为主。代理商盲目增加库存会大量增加成本。此外，独家代理商在当地市场中占有支配地位，它们不愿意企业再做当地市场开发，也不愿意分享当地市场信息。

二类客户，即一般代理商。其优势在于，多个代理的竞争使市场活跃度较高，企业可在各个代理商之间进行权衡。其劣势在于，许多代理商规模小，可能仅仅为企业的配套厂商或者一般家用代理商，缺乏大量囤货的能力和项目工程能力。此外，每个一般代理商会同时经营其他品牌的产品，无法将全部精力投到公司产品和品牌的推广上。

三类客户，即 OEM，指利用企业进行贴牌生产加工的客户。这类客户拥有十分完备的技术，拥有自己的销售渠道，并且非常注重自身信息的保护。其优势在于，每年都有稳定的采购，而且只要产品的质量和价格合适，不需要支付其他任何关于市场推广、品牌推广的费用，也不需要任何售后维护成本。其劣势在于完全的信息割裂。它们不希望企业进行自主品牌的推广，企业除了对自身产品做出改进或者对价格做出调整外，不会有其他任何的商务手段或者技术支持能够帮助其增加销量。

四类客户，即非代理商的少量终端客户。一般集中于欠发达地区。这类地区一般很难用授权代理方式开发市场。如果公司有机会自己开设办事处，那么可摆脱代理商模式的掣肘，直接面对终端客户推广自己的品牌。

从销售方法看，常规水泵产品的销售方法主要有三种。

一是批发。批发商大批量购进公司产品，批发给不同的零售商，零售商在店铺进行销售，主要是针对民用、商用、农用市场。这类市场对产品的价格敏感程度高，需要一定的专业技术背景，低规格参数的铸铁泵和深井泵是这类市场最主要的销售产品。此种销售方式的利润低，销量大，与终端用户的联系程度不紧密。而且批发商一旦进入零售领域，就与企业自身的零售形成冲突和竞争。

二是工业产品配套或公司直接销售给终端用户。主要针对工业品市场。这类市场对价格敏感度不是很高，利润相对较高。产品单一，短期内增长空间不大。

三是工程配套项目。由项目方招标进行采购。一般有许多隐性销售条件，例如在当地良好的政府关系、公关能力、品牌的知名度等。客户常常没有很好的专业技术背景。涉及的产品种类多而杂。项目工程利润高，销量大，与终端用户联系紧密。但是工程项目耗时长，资金占用成本较其他两种方法更大，回款风险也更大。需要投标商提供售后服务，进行销售时，也要考虑到巨大的售前、售后服务成本。

2. 三阶段操作法

总体来说，产品销量的提升主要在于产品质量的提升和成本的下降。但对于一类客户和二类客户，南方泵业计划（已部分展开）采取三阶段操作法。

第一阶段，派遣第一批常驻人员以售后服务或者技术支持的身份常驻海外，主要是分析当地市场、代理性质、销售短板、产品适应程度等信息，以提供纯技术服务为主。

第二阶段，以第一批常驻人员为基础，进一步派遣人员常驻海外。在了解现有代理销售方法的基础上，依托代理，拓宽批发、零售、配套、项目工程等销售渠道。可适当参与项目工程的前期文案工作，包括选型报价、整理资料等，以增加销售中的技术、服务附加值。

第三阶段，在每个国家形成自己的管理核心。后期可根据不同情况，或与原代理商进行合资，或由公司进行投资，建立分办事中心。分办事中心可控制区域内代理授权、大型项目招标等重大事项。

**（五）利用网络平台，加大推广力度**

在继续完善传统海报、公司视频简介、PPT 制作等线下推广方式的基础上，公司进一步加大了产品线上推广力度。现已完成微博和微信公众号的运营，且效果良好。为方便国外客户，公司还专门设立了英文官方账号（Twitter、Facebook、Linkedin），并提供了必要的技术支撑。此外，公司还通过微信、Whatsapp 等手机社交软件，建立了涵盖客户和公司技术、质检等人员的社交群，发现问题立即研究解决。公司还通过在水泵机器上加装控制记录装置，及时收集信息，实时监测和解决问题。

**（六）加强人才培养，提升核心竞争力**

人才是第一竞争力。公司通过人才培养计划进一步完善人才储备。同时，在人员管理上坚持优胜劣汰的原则，加大对员工特别是营销人员的培训力度，不断强化市场意识、客户意识、服务意识，以实现更大的经济效益。就海外常驻人员而言，一般都需要经过售后实习、外贸流程学习和商务技巧学习几个阶段。原则上必须对产品的原理和应用范围有了一定程度的了解后再进行外派。要逐步提高技术型销售或者偏技术型销售的比重。至少需要常驻人员能够自主根据标书进行选泵，并且在现场可以与客户一起拆装维修一些中小型水泵。为此，还需在总结经验的基础上，整理形成较为完备的各种培训教材。

## 七、有效防范出口风险

2008 年金融危机后，企业出口风险有所增大，主要表现为汇率风险、信用风险（客户延迟付款、拒绝付款）及政策风险等。其中，汇率风险尤显突出。

为有效防范汇率风险，公司经常召开总经理办公会议，对具体问题进行认真研究。现行主要风险管控方法为与银行签订固定汇率协议。一般不采取与客户共担风险的做法。因为从客户端来看，客户总是希望压低成本，所以与客户商议共同承担汇率风险的难度较大。同时，由于不同国家的资金占用成本不同，需要根据客户的实际情况商定付款方式。如以预计美元升值为例，客户端可以通过更改付款方式提前预付来避免美元升值带来的采购成本的增加。但提前付款占用了客户的现金流，应该同时考虑客户当地的贷款利率，以此来建议客户采用合理的方式进行付款。

对于信用风险，公司所采用的规避手段主要为付款方式和出口信用保险。对工厂来说，最好能够有预付款并且在出货前付清。但是国外市场运输时间长，如果客户提前支付，那么客户现金被占用，同样会产生成本。许多客户会根据实际情况要求采取相应的付款方式。付款方式的确定需要与客户进行具体的商务谈判，并和其他的条件（价格、交货期、保证金、易损件支持）打包进行确定。特别值得注意的是，有些客户以更改付款方式为条件来换取价格折扣。

除利用付款方式之外，还可以利用出口信用保险进行规避。此方法会产生一定的成本，前期一般不采用这种方法，因为前期许多客户都有很好的商誉，并且成交价格非常低，利用出口信用保险会进一步压低利润。考虑到今后的新客户开发，许多客户的价格利润空间较大，或是考虑到工程项目投标，有时候回收款项时间较长，可以出口信用保险作为规避商业风险的一个重要手段。

# 城市英语:"健身房"模式能否改变?

彭丽红　谢同飞　罗　豪

城市英语是上海蔺氏教育信息咨询有限公司(以下简称蔺氏教育)于2005年创办的英语口语培训学校,位于上海浦东新区八佰伴商圈,十年来致力于通过语言能力的全方位提升,为客户提供更好的发展前景和未来。城市英语的总部位于亚洲金融中心上海陆家嘴,是美国著名教育巨头加州语言研究学院(California City Language Study Institute)在华唯一股权合作机构。在英语培训行业,城市英语以专业的个人定制性教学服务著称,是多数英语学习者首选的口语培训品牌,也是中国英语教育MBA案例英语教学法的首创者。目前主要课程有"零基础""日常口语""职场商务""移民留学""VIP定制"等。时至今日,城市英语已经拿到了PRE-A轮融资。传统英语培训行业的"健身房"模式是什么?作为一家初创的中小企业,面对如今互联网时代如此巨大的竞争压力,虽然历经曲折,但城市英语却能够在与同行巨擘的竞争中生存下来并发展壮大,这到底是如何做到的呢?

## 一、创业者的背景

蔺氏教育创始人蔺智名是一名海归。高中时期就独自一人前往新西兰闯荡,当他还是个孩子时就萌生了创业的梦想,坚定地想办学校。他在新西兰读高中时的第一次创业经历就是创办了一家留学中介机构,一边帮助留学生找到寄宿家庭,一边从中赚取10%的中介费,但后来由于一些寄宿家庭对留学生进行精神侵犯,他不得不拿钱填补索赔的漏洞,最后创业失败。大学时第二次创业，他又成立了一家教育机构，让很多人不需要考托福、雅思就能进入国外的大学。该机构一直有序经营着，后来由于2005年父亲病重，他不得不回国。

回国后，由于他没有拿到学位，家里也没有很多积蓄，因而回归安稳的生活，找一个稳定的工作，也许是给家人最大的安慰。现实给了他很大压力，如果是个懂事的孩子，那么这时候应该要理性地选择就业。但是，很多事情就是理性不起来，有时候对于梦想有着一股特别的韧劲，好像不办学校做什么都没意思。他犹豫了几天最终还是决定，为了把梦想延续下去，一定要创业，要办学校。

一开始，他并不知道到底该做什么，就先考虑养活自己再说。他在网上发帖找学生进行一对一辅导，每天穿梭于上海市浦东、浦西各大咖啡馆，半年赚得3万元收入，这让他明白，在上海只要肯努力就能养活自己。那段时间每天的状态是精神很亢奋，身体很疲惫，他也知道这不是长久之计，但是又还没有想好到底要创办什么学校，所以决定去火星英语过渡一段时间。他在火星英语干了三个月就当上总监，还出了四本书，学习到了许多教育机构的运营方法。2009年，时机终于成熟，自己也有了想法，于是蔺氏教育应运而生。

毫无疑问这是一次成功的选择，公司站在了起跑线上，但成功的过程并不顺利，用蔺总的话说，这十年使他领悟到了"活下来的哲学"。但是，"活下来"仅仅是他第一个目标。经过十年的摸爬滚打，英语培训行业的一手资料在他脑海中形成，如数家珍。

## 二、英语培训行业竞争态势

### （一）中国英语培训行业发展趋势

竞争更加激烈。学者卡齐鲁把英语普及的复杂现象以三个同心圆的图解方式进行概念解读，即内环、外环和扩展环。内环是把英语作为本土语言的国家，例如英国、美国。外环是把英语作为第二语言的国家，例如菲律宾、新加坡、印度，它们把英语作为本国的官方语言。最外层的圈是扩展环，把英语作为外语教学对象，比如中国、日本、韩国。随着英语从内环到扩展环的普及，中国人的英语学习需求被点燃，巨大的英语培训市场引发了前所未有的竞争，八仙过海各显神通，你方唱罢我登场。不仅有中国民营培训公司，而且有外资培训公司，更有体制内机构。如何从激烈的市场竞争中脱颖而出是每一家公司面临的问题。许多公司以经济利益为唯一导向，以单一的经济标准考核员工业绩，扭曲了英语培训行业的正常竞争态势。

行业细分日趋精细，任何一家机构都无法独占整个市场。英语培训行业包括少儿英语、成人英语、雅思英语、托福英语、商务英语、考研英语等，不同的细分行业各有规律。因此，对于学生而言，精准的营销方式和教学模式更有吸引力。这体现出中国学生在选择英语培训机构时更加理性，也体现出市场向成熟化发展。随着市场的进一步发展，英语培训市场会进一步细分，像洗发水厂商一样生产出"去屑止痒""清爽去油""丝质柔滑"等不同的细分产品。这就要求公司结合自身实力，选择合适的细分产品进行生产，而不是笼统地培训。

互联网化。2015年，李克强总理在政府工作报告中首次提出"互联网＋"行动计划。教育部要求信息技术与教育教学深度融合。新东方等英语培训机构都相继跑马圈地，开展了互联网培训业务。以强大的师资力量为后盾，结合各种商业模式，推出在线课程，打通线上线下产业链。投身互联网英语培训行业的不仅有线下教育机构，而且有高科技公司。"盒子鱼"是李开复投资的一家互联网教育公司，所开发的免费英语教学软件"盒子鱼"已进入全国近30个省（区、市）的2 000所公立学校课堂，目前正进入南京的中学。互联网行业一向是烧钱补贴以扩大用户量，"盒子鱼"之所以能被挑剔的公立学校接受，是因为其真正想送给学校老师关于"如何上课"的互联网教学理念和教学模式。"互联网＋"教育显然是个有待开发的"金矿"。相关统计显示，过去七年，我国在线教育市场规模年均增速达18％以上，用户数年均增速为14％左右，未来几年将持续保持15％以上的速度增长，到2017年预计达到1.2亿人。目前，百度、阿里巴巴等众多巨头也正布局"互联网＋教育"，比如腾讯课堂和新东方联手成立了合资公司，还投资了疯狂老师等创业公司；百度则通过百度教育门户、百度文库、百度知道等进行着探索。"互联网＋"的到来，给英语培训这个知识密集型行业带来了机遇和挑战。机遇是，互联网可以降低企业成本，企业不必再新建公司和高楼满足教学需求，节省租金和经营成本。企业的教学资源一旦被互联网化，每一个学生使用APP的边际成本就几乎为0，而在现实世界中，若干个学生必须配备一名教师，节省了人力成本。对于学生而言，可以足不出户，免费或者低价享受优质培训机构的教学服务。付费APP一般是通过提供增值服务收取费用，而辅导机构的免费APP往往以线下教育为支撑。挑战是，互联网深刻影响着每家培训机构，出现了"强者更强，弱者更弱"的现象。因为互联网的高共享性，每一个学生都有机会获得最好的服务，所以学生不必再选择次优服务。类似现象已经在现实中出现。演艺界、体育界的最优秀者能够享受最高的市场待遇，而第二名的待遇就与之相差悬殊。因为市场能共享第一名的服务，所以就没有必要选择第二名的服务。英语培训行业也是如此。如果过去一家公司受限于地理因素而无法在全国扩张的话，那么在今天这已不是问题。最优质的服务将是互联网时代的香饽饽，那些无视教学质量、迷恋于市场营销的企业将被互联网时代淘汰。占领教学质量制高点的冲锋号角已经吹响。

应试教育受到排斥。高考改革又出英语新政策。英语学科要突出语言的实际应用，回归到学科应有的位置上，突出基础知识、基本能力及课标的基本要求，降低英语学科分数在高考招生中的权重。考试分值由150分降低到100分。实行社会化考试，一年两次考试，学生可多次参加，按最好成绩计入高考总分，成绩三年内有效。过去忽视英语应用的教学方法不再适用，培训机构需要在课程设置上做出改变。

**（二）当前英语培训行业存在的问题**

（1）培训机构鱼龙混杂，数量大，规模小。在每个城市都有当地的英语培训机构，各自为营。优秀的英语人才更愿意留在大城市发展，这导致小城市师资力量薄弱，只能依靠当地中小学教师的兼职教学提高质量，更无力推出APP满足大范围教学。市场的蛋糕足够大，培训市场可以容纳很多的培训机构。因为培训机构数量众多，所以大部分培训机构规模小。英语培训行业的准入门槛很低，组织几个老师，在街上刷点小广告，再租个场地，就可以开班教学了。连许多大机构的起步也是如此。新东方从中关村多如牛毛的英语培训机构中脱颖而出，走的第一步也是自己做老师，还亲自贴广告。但是很多小规模的培训机构没有做大做强的动力。在许多小县城，有的中学老师自己就可以利用寒暑假开班授课，连注册公司都不需要。凭借着家长对在校老师的信赖，这些辅导班老师收益颇丰。随着禁止校内老师校外开班教学规定的出台，老师开班赚外快经常打一枪换一个地方，或者干脆被辅导机构"招安"，成为辅导机构的兼职教师。这非常像过去"农村包围城市"的格局。城市的市场份额由实力雄厚的大机构占据，地理位置偏远的"农村"地区大机构暂时无力全面覆盖，因为全覆盖意味着高成本，而地理位置越偏远的地区，教学收益越低，有可能无法弥补成本。这时候身处偏远地区的每一家小机构发挥了自己成本低的优势，成功占据了市场中微不足道的份额。但是这种小规模经营的优势可能受互联网冲击。部分学生可以通过 APP 或者网站共享大机构的教育资源，例如网上视频听课，不仅价格低，而且足不出户，想听就听，这些是小机构无法做到的。通过定制服务，有针对性地向学生提供教学方案，成为小机构绕开互联网共享功能实现差异化教学的有益尝试。

（2）恶意竞争。第一，恶意的价格竞争，体现为绝对的低价格和变相收费。小机构自知服务质量差，便打出低价的旗号吸引穷学生上当，又拒绝退费。还有的小机构入学价格门槛低，但过程中包含了附加收费，就像旅游业的"免费旅游团"一样，结果原本好好的教学课程变成了营销兜售。第二，恶意的宣传竞争。虚假宣传在培训行业屡见不鲜，甚至漏洞百出。例如培训机构宣传高分学员时故意使用英文名字，避免公众"查无此人"；有的机构捏造优秀毕业生的身份信息，如毕业院校、专业，而该院校并无此专业。对于授课教师，往往被包装成名师、海外名校毕业生、一线教师，而一线教师是不被允许以赚钱为目的外出授课的，有些教育机构的英语培训老师连最基本的教师资格都没有。部分辅导机构成为"北漂"一族的首选地，凭借营销话术和辅导机构买到的中小学家长通讯录，"名师"们利用电话"钓鱼"，销售高价的"一对一"课程。第三，超范围经营。有的机构注册的是个体工商户，却以文化培训学校的名义开班教学。第四，打着名牌机构的名义招生，挂羊头卖狗肉，实际上与名牌机构并无关系。这种学校具有相当大的迷惑性，例如名字为"××新东方学校"的机构可能跟新东方没有任何关系。这种独立性要么是名牌机构之外的人打擦边球，要么是名牌机构的管理层规避教学风险的法律手段。第五，不按合同约定教学，随意变更教学时间和内容。收费模式几乎都是预收课程全款，很少机构能接受家长分期付款。这种模式对学生而言蕴含着极大风险，主动权都在辅导机构。第六，服务质量差。入行门槛低，谁都可以做培训，拉低了行业底线，唯利是图。许多辅导班靠炒作概念赚钱，今天推出 XX 英语学习法，明天推出 YY 单词记忆法，利用了学生图捷径的心理。对于大部分参加英语培训的学生而言，如果听到"英语学习需要按部就班，没有捷径"，那么一定会觉得几万元学费花得不值。社会的急功近利也影响了学生的学习心态。虽然良好的教学质量有利于创收，但是在英语培训行业的成长期，教学质量和收入有时候是两码事。人员素质不高，教材质量参差不齐，后续服务不到位，并不一定意味着没有收入。总之，相当多的辅导机构为钱而生，又为钱而死，没有"教书育人"的职业操守和底线，扭曲的薪酬机制更让老师无法安心教学。学生参加英语辅导，追求各种学习捷径，在辅导班眼里就像"皇帝的新衣"一样，从不点破，反而主动迎合。

（3）忽视英语文化素养和应用的重要性。中英文化差异巨大，学好语言并不代表能让对方听懂自己的意思。例如"龙"在中国文化中代表吉祥、富贵，而在英语文化中代表邪恶。如果中国人用"龙"形容外国人，那么不管措辞多么精准，在表达意思上肯定是南辕北辙。语言仅仅是文化的载体，语言背后抽象的文化灵魂是所有英语学习者应该认真研究的。但是现在的培训行业多数只关注"文字"这一技术层面的东西，而忽视核心的灵魂。在英语运用方面，许多中国学生会读会写不会听，在运用方面是短板。中国培训机构的英语教学方法很陈旧，老师要求学生学习语法、死背单词，不利于提高学生的实际语言应用能力。许多通过大学英语四六级的学生到国外留学初期无法与人正常沟通交流，显示了弥补英语短板的急迫性。

**（三）城市英语发展环境的 SWOT 分析**

表 1 为城市英语发展环境的 SWOT 分析。

表 1                                             SWOT 分析

| SWOT 分析 | 优势<br>(1) 公司领导和员工有丰富的英语培训经验和海外留学经历。<br>(2) 员工年轻，积极性高，对新事物接受快，学习能力强。 | 劣势<br>(1) 实体店成本高。<br>(2) 英语培训行业流动性高，维持队伍稳定难。<br>(3) 规模小，品牌知名度有待提升。 |
|---|---|---|
| 机会<br>(1) 上海英语学习需求大，市场细分时代到来。<br>(2) 大品牌企业忽视用户需求。<br>(3) "互联网＋"有利于减少实体店经营成本。 | 以客户需求为导向，帮助客户实现英语水平质的提升。 | 推出 APP，实现弯道超车。 |
| 威胁<br>(1) 小企业抗风险能力差。<br>(2) 高校、民办机构的竞争。 | 创客空间。 | 收购"老外网"。 |

## 三、跟随还是突破？

### （一）"健身房"模式

通过缜密的市场调查和分析，蔺总认为，因为说英语越来越重要，所以英语口语培训市场前景十分广阔。但是作为大海中的一叶扁舟，要想安全地在航空母舰旁边生存，不被大浪掀翻，必须至少有一个秘密武器，使自身结构与航空母舰差异显著，从而不至于由于同质化而被消灭。然而，同样作为英语口语培训学校，商业模式真的能有很大的不同吗？蔺总陷入沉思……他明白，只有从客户需求角度出发，才能抓住问题的核心。

蔺总为了找到不同的商业模式，经常盯着大楼对面的几家英语培训同行大佬×××英语、××教育、××国际英语等，观察它们的校区设施、销售、老师甚至前台的服务，细心研究它们的一些可得数据，同时，观察身边很多朋友学习英语的习惯和成果。他发现，他们的痛点在于重复花钱重复学，却依然不会说不会应用。将学员的痛点（客户的需求痛点）和现有同行巨擘们的行为数据相结合，蔺总发现，这种痛点的产生并不是用户本身的错，是英语培训市场的错。如今英语培训市场越来越像"健身房"市场，各家机构尽可能多地拉学生注册报名，却希望随着时间的推移，来上课的人越少越好，也就是说活跃用户越少越好，这样就使得销售在前面卖得风风火火，回头一看是万丈悬崖。

"健身房"的盈利模式主要是年卡加私人教练，靠办卡不练的人养活"健身房"和经常锻炼的人。在"健身房"模式中，最重要的是销售团队。培训机构里高端的电脑等硬件设备就像健身房里的器械，销售团队通过展示良好的教学环境，向学员零售教学项目，建议学员购买"性价比高"的年卡，这样学员就因为自己的冲动消费付出了比次卡更高的代价。所谓的年卡，就是翻版的期权合约，相当一部分人高估了自己的学习意愿，没有行使这份权利。教师与健身房教练相同，有较多的营销任务，而可供开发的市场容量是有限的。在激烈的市场竞争环境中，如果选择低价策略，那么为了弥补经营成本，必须实现量贩式销售，这将减少平摊在每个人身上的教育资源，形成了低价与优质服务之间的矛盾。对于小企业而言，如果采用高价策略，则更难以与大机构竞争。失败的"健身房"的营销实质上是兜售一堆铁片，同理，许多英语培训机构兜售的是所谓的"名师"噱头和电脑器材等看得见摸得着的东西，毕竟名头和硬件是显而易见的东西，教学质量的差异不是所有学员能分辨出来的。这样，"健身房"的销售代表们更像是旅游业的导游。

一个客户进入英语的"健身房"后，最需要的就是服务和解决方案。多数学员来"健身房"不是为了享受学习英语的乐趣，而是为了解决英语的某些问题。许多英语"教练"不懂解决方案的提出方法，只能机械地复述从书本上学来的技术。而开学时学员填写的英语"体能测试"结果很快被扔到一边，并无针对性的解决方案。很多学生想学习英语面试的技巧，想学习外贸商务谈判的知识，结果培训机构里没有直接满足其需求的教学方案，或者要求先完成其他任务才能学习它们。

当价格战开始后，许多人认为，反正教育机构都把自己吹嘘上了天，倒不如找个便宜的更好。于是他们从大机构退费，进入小机构。小机构人多地小，教学环境越来越恶劣，最后学员放弃学习。于是，小机构的低价竞争使大机构入不敷出。大机构要么继续保持高冷现在就倒闭，要么同小机构一起慢慢走向毁灭。

蔺总继续思考，为什么会出现这种现象？跟随业内流行的模式，还是另辟蹊径？他明白，只有搞清楚缘由，才能做下一步的工作。经过一段时间的实地观察和深入了解，他终于发现了根源。这是一种扩大销量、抢占市场份额、急功近利的做法，也许一时间得到了不错的收入，但违背了客户需求，甚至是欺瞒和危害客户的行为，很难长久。出现这种现象的原因其实很简单。英语培训机构一般都处于繁华商圈，且配备很多电脑，装修豪华。因为学员普遍认为学英语是件高端的事，所以外表高端的机构才更有吸引力。但是这无形中加大了成本，自然会摊到学费中。大型机构教学点多，品牌响亮，招生能力特别强，但是可供上课的教室是不会随便增加的，这样就容纳不了那么多人，需要很多非活跃用户。然而有什么办法可以使非活跃用户增加呢？不能叫人家不来上课，只能让人家主动不来上课。其实也很简单，机构只要用所谓的"科学"的教学方法，例如，课前网上预习，达标后才能订课，很多人预习这一关就过不了。再例如，课程没有针对性，人家需要参加英语面试，想学习职场商务英语，而"科学"的教学方法是从打招呼、学文化开始，过了三个月还是没法学到职场商务英语，机构的理由是，你还是初级，要学习半年才能订商务级的课程。再加上用户本身有家庭有工作，不能全职学，效率不高，总是无法面对面见到老师，久而久之产生惰性，往往不到三个月就放弃了。

至此，"健身房"模式及其出现的原因都搞清楚了，学员们必然对自己重复花钱重复学却依然不会说不会应用感到苦恼，机构的小算盘明显与客户需求背道而驰。既然如此，改变这一"健身房"模式是否会是城市英语生存的筹码呢？这是不是一个机会呢？

蔺总并没有纠结于成本核算或者资本预算，也没有担心万一失败怎么办，对教育培训本质的把握和对趋势的预判使他坚定地做出了选择。

蔺总说："首先，我认为教育培训的本质绝不是冲动消费，学习英语口语的人群是处于发展期的人，90%的人月薪在万元以下，动辄数万元的冲动消费一定不是这个行业的长久之计。相反，教育培训应该更多的是理性消费，行业大佬们用高端的外壳（浮夸的宣传、高冷的销售、震撼的视觉感受）引导人们冲动消费的老路未来一定走不通，人们学习英语一定会回到理性消费的路上。其次，这个行业未来的趋势不是拼品牌，曾有一组数据，在价格、品牌、老师、距离、学费等关注点上，品牌已经排名倒数第二，而在几年前还排在第一位，所以，凭借外壳忽悠人不再是趋势潮流了。要想使培训学校更好地发展下去必须拥有行之有效的教学管理办法，合理的规模和教学模式就是竞争力，英语培训产业也必将从粗放型转向精品型。从品牌的角度来看，一个成功的品牌有其鲜明的特色和核心价值，可以大胆地进行品牌延伸，赢得更多的市场占有率，增强核心品牌的形象。英语培训业本质是具备高附加值的服务行业，对需求的高效服务是影响价格最核心的因素。"

蔺总决定改变"健身房"模式，通过体验差异化和课程差异化来创新一个健康的模式。他采取的主要体验营销策略有：（1）感官式营销。通过视觉、听觉等建立感官上的差异化体验。来到公司的每一位学员都会感受到员工的热情洋溢和积极乐观的精神。学生先在学校里试学，亲身感受上课的和谐氛围，形成直观的教学印象，体会与其他培训机构不同的学习体验。先发掘问题，再提供有针对性的教学方案，让学生感受到老师的专业性。（2）情感式营销。城市英语在营销过程中，努力触动消费者的内心情感，创造情感体验。情感式营销需要老师的引导，许多培训机构也会使用情感式营销。最极端的莫过于疯狂英语的营销演讲，让学生摆脱学习不好的羞耻心。新东方善于从俞敏洪等老师的亲身经历编段子抖包袱，赢得了学生的喜爱。（3）思考式营销。思考式营销是启发人们思考，创造性地让消费者获得认识和解决问题的体验。它运用一系列的问题，启发学生摆脱思维的围墙。通过启发式教学，引导学生找到自身不足，进而有针对性地弥补短板。

做创新一定要找到痛点并击破痛点，说白了就是以客户为中心，挖掘客户的真实需求，否则就是剑走偏锋。城市英语又是如何具体做出差异化的体验和课程的呢？蔺总继续说道："当时我是这样想的，大佬们的体验是高冷，我们是不是可以更亲和，客户走进大门先给他们体验真实的课堂，录下来给客户看，满意或者有意向学习再让销售见客户；大佬们的课程是电脑多、订课难，我们是不是可以做到无电脑全面授，同时订课容易，课程设置是横向而不是纵向的，不需要到一定级别才能学习某类课程，每次可以让学员从可选话题课程中自由选择一个话题，如果实在没有喜欢的话题，那么给每个学员开放 VIP 个人定制课程，直到与学员需求切合为止。"

　　渐渐地，越来越多的客户体会到了差异化的好处，报名率不断上升，这让城市英语这艘结构迥异的小船存活了下来，而与航空母舰同质的许多小船都沉没在海底。

　　当然，这种针对客户需求的模式并非没有弊端。第一，市场环境的瞬息万变体现在客户需求的变换上。随着时间的推移，客户需求往往有所变化，需要根据实际情况，适时调整经营模式。第二，客户需求的规模和增长潜力也需要评估。需求现状是否足够支撑公司发展？如果现在规模还不够大，或盈利不够多，那么从公司长期发展战略的角度看，它是否具有很大的增长潜力，这是城市英语针对满足客户需求设计经营模式所必须考虑的因素。第三，如果已经有许多公司提供了有针对性的服务，那么城市英语会面临激烈的竞争，这样所得利润是有限的。第四，针对某种需求的经营策略是否符合公司的竞争优势？如果在细分需求中城市英语没有足够的实力，那么可能会适得其反。

### （二）创新的 O2O 之路

#### 1. "老外网"

　　改变"健身房"模式是一次成功的挑战，但企业绝不可能从此一劳永逸，一个一个困难往往接踵而至。在公司内部会议上，蔺总语重心长地说："以前只要会口语就能教课，但随着互联网的发展，生意越来越难做。2012年尤其如此，当时在线教育发展起来，大家都想在家学习，这让许多没有转型的同行遭受亏损甚至老板跑路。我们又面临一次抉择"。

　　这一次，蔺总面临的选择更加困难。尽管困难，蔺总始终坚持着"客户理念"，找到客户的需求痛点是他做选择的重要依据。

　　当时一家美国知名在线教育机构"老外网"濒临破产，蔺总想收购"老外网"，因为线上学习已经是客户同一时期最大的需求变化点所在，但周围所有人都反对。尤其是蔺总的妻子，蔺太太是文化人，也有自己的思想，无论蔺总怎么劝说，她都反对其收购"老外网"。蔺太太认为，客户需求固然重要，但是企业掌舵人首先要考虑的就是风险，一家濒临破产的企业，有太多积重难返的问题，"老外网"系统不好，又欠债，风险实在太大，况且当时城市英语的中心在破旧的商住两用楼中，急需开拓新的实体空间，手上钱又不多，收购和拓展新实体店只能选其一，在这种情况下，收购"老外网"

应该是不明智的选择。

大家的反对不禁让蔺总开始怀疑，是不是自己的想法真的有问题？他决定认真研究其竞争对手的情况。

他发现看出，各家机构的发展动向有个共同点，就是线上与线下的结合。大家都看到了线上市场的机会，同时大家都没有盲目地一味去做线上。除了从研究报告中获取信息之外，蔺总也找到一些投资人，发现绝大多数投资人都看重线上与线下结合的 O2O 模式，甚至把 O2O 模式看做自己投资的必要因素之一。这一切使蔺总从客观上明确了进军线上市场的目标。但是主观上，他还没有把握能规避收购"老外网"的风险，所以他进一步对濒临破产的"老外网"进行调研。最终他发现，"老外网"的老板的是搞技术出身，对市场把握不准，又对企业管理不善，经常出现老师迟到、早退现象，导致用户流失，本质来说并不是行业不行。这让蔺总放下了悬着的心，他认为蔺氏教育的优势恰恰能弥补"老外网"的不足，风险把控应该不难。从更长远的视角看，未来反正都是要发展 O2O 模式的，收购"老外网"如果成功的话，那么会大大缩短自己摸索的时间，走一条捷径。

拿着以上这些"论据"，蔺总给大家论证了自己的想法，大家虽然仍有点忐忑，但还是同意了他的想法。

然而事情并没有想象中那么顺利，在收购之后不久，有学员将蔺氏教育送上了法庭，原因是认为蔺氏教育宣称不承担"老外网"的债务，但是会免费让"老外网"的学员把课上完的做法不可信。后来，蔺氏教育辞去了很多不好的老师，增加了很多评比优秀的老师，并真正做到了免费完成"老外网"欠下的课程，学生的感受立竿见影。蔺总不惜重金聘请优秀教师。为教师定期提供岗位培训，让教师在工作中不断成长，不断提高教师的业务能力。信任教师，肯花资源和时间在教师身上，最终形成了良性循环。教师的业务能力不断提高，对不断培养自己的企业产生感情，进而工作热情高涨，提高工作效率。就这样，最终那个提起诉讼的学生公开在微博上告诉了大家事实真相。蔺总感叹道："这次的危机公关还给企业做了一次正面的广告，可谓是塞翁失马，焉知非福。"

2. 线下实体店功能的再思考

收购"老外网"之后，城市英语正式走上了 O2O 道路，初出茅庐的蔺氏教育一开始似乎并不习惯，2013 年，蔺氏教育迎来了寒冬。

在蔺氏教育转型之后，蔺总开始思考，一个新兴的 O2O 企业，是应该赶紧拉投资还是应该赶紧发展业务？当时他认为，业务的开发和发展是很慢的过程，当前线下业务挺稳定，开发线上业务很难短时间成功，但是如果拉来投资，那么对线上业务的发展以及线上与线下的整合都是极为有利的。所以在这种思想的引导下，蔺总把工作重心放在了拉投资上，当时每天最重要的事就是请客应酬，最后由于疏于管理，公司营业额猛然下降到每月 20 万元，全年下来财务上亏损近 200 万元。由于企业亏损，蔺总只好想方设法借钱渡过寒冬，可是他发现过去的"好朋友们"在他事业低谷期却踪影皆无。不过历经千辛万苦，他最后借到了 100 万元。教育行业有一点好处，它不会让你一夜暴富，同时也不会让你一夜倾家荡产。拿着借来的钱，蔺总思考要如何崛起。

"想要崛起还是得回到初衷，脚踏实地去寻找客户需求，坚持客户理念才让人感到踏实。"蔺总略带悔意地对同事说，"我开始考虑 O2O 本身该如何运营"。

O2O 模式线上与线下的结合涉及很多细节，线上还未成熟，线下已然成熟，所以蔺总决定还是从熟悉的线下开始改革，以适应 O2O 模式下的市场竞争。

既然选择了 O2O 模式，就必须做轻资产、轻学校，节约线下的成本以支持线上开发，这也就意味着要用实体店最小的空间做最大的事情，所以，他不得不对实体店的功能进行再思考。蔺总的思路是：实体店的传统功能是办公加教学，要提高其利用率，就要开发它的其他功能。第一种功能——社交聚会功能，把它开发成"聚会＋活动＋沙龙"的链接型场所。用户可以发起聚会，也可以参与别人发起的聚会，就在一个很小的实体店内，使用相同产品的用户之间不断交流，既能达到推广宣传的目的，又能促进产品的改进，还能提高用户黏性，这也是互联网时代下客户需求变化的关键点之一。互联网降低了学员之间交往、互动和分享的难度。第二种功能——创客空间功能，被称为 mini center，在上海除了总部中心之外，再建两个 mini center，真正实现"拎包入住"，线下所有的事情都可以在这个 mini center 里面完成，而且学员在三个实体店之间可以相互流通（很多机构各个中心的学员不能互通），这样一个 mini center 的成本核算也是很清晰的（见表 2）。

| 项目价格 | 建立 | 房租物业 | 劳务 | 市场 | 教学 | 总计 |
|---|---|---|---|---|---|---|
| 成本/月 | 5～8 | 2 | 2 | 3～5 | 2 | 9～11 |
| 营收/月 | | | | 20～25 | | 20～25 |
| 利润/月 | | | | | | 11～13 |

表 2　　　　　　　　　　　　　成本核算　　　　　　　　　　（万元）

从表 2 可以看出，一个 mini center 的运营成本每月为 9 万～11 万元（不包括初期建立成本），而利润为 11 万～13 万元，利润率是很高的。

以上所说的功能和成本核算都是基于实体店的夜间活动，而白天整个空间都是浪费的，因为白天学员都在上班，实体店只有在晚上和周末才能利用上。如果能利用上白天的空间，那么无论如何都是一个利润点。所以，城市英语开展了一项新业务——国际学校，内容为海外生存口语训练，为出国留学、移民、旅游等各类人士提供对口的口语培训，都是白天授课，很好地填补了白天的空间。

3. 不一样的 APP

可以说，移动端的 APP 软件几乎是 O2O 必备的武器，这一点从资本追捧度的角度来说是没有什么可争论的，城市英语毫无疑问必须做出自己的 APP，才有可能拿到 PRE-A 轮融资乃至以后更多轮次的融资。

城市英语 APP 立志要成为中国最大的社交型移动课程 APP，这就要求它足够出类拔萃，也就要求它真正不一样。"这年头 APP 扎堆，要做出不一样的 APP 还真不容易。"蔺总感慨道。

蔺总认为，做 APP 要从核心使命开始考虑，不能光考虑标新立异而丢了核心的东西。只要你上网搜索"英语培训、贵、黑、退费、转让"就会有几百万个搜索结果，这说明大量人群的痛点在于"学费贵、退费难、反悔成本高"以及"重复花钱重复学，依旧不会说不会用"。城市英语 APP 要用最简单、最好玩、最有效的方法解决英语学习者最广、最深的痛点。只有致力于解决这些痛点才能在核心不变的情况下做出不一样的 APP。

敲定了 APP 内容的核心目标并不代表做这个 APP 就完全不用考虑其

他事情了。对于一家企业而言，做一个 APP 始终是以盈利为目的的，但是纠结的事情又来了，到底什么时候变现合适？是上线后立刻变现还是未来择机变现呢？善于收集资料的蔺总又开始一轮收集整理，希望从中得到启发。

蔺总认为："普遍认为一个 APP 上线后会有三个主要功能：第一，吸粉功能，就是大量吸收用户，提高用户黏性；第二，变现功能，增加付费用户量，通过发展收费服务或者收取广告费等创造收入；第三，平台功能，这是一个创新的功能，好像一个线上沙龙、线上聚会活动场所，目的也是大大提高用户黏性。如今市面上的 APP 几乎都有第一个功能，如果是企业 APP 那么就会有第二个功能。"

蔺总对比研究了市面上同行业与其他行业典型 APP 的功能安排，认为："英语学习类 APP 现在比较知名的有'百词斩''英语流利说'等，都是以免费服务为主，无论是背单词还是口语交流都是免费的，平台上甚至连广告都没有。其他行业典型 APP 如'知乎'，已经有了庞大且黏性很高的用户，但至今仍然没有强大的变现功能"。所以，他觉得要想有竞争力，在这个阶段不能太把变现当回事，如果连吸粉都是件很难的事情，那就暂时不考虑变现，做好内容吸粉是当务之急。不料这一次，他的决定又遭到妻子的反对，蔺太太认为："城市英语是英语口语培训学校，和其他英语学习 APP 不同，培训学校的特长就在于教学，自学式的免费服务不是自身强项，很难开拓市场。相反，如果能开发出内容很好的教学收费服务，能将线下的市场扩展到线上，那么是完全没有问题的，这并不算是急功近利，而是根据自身特殊情况设定的功能安排。"听了妻子这番话，蔺总想了想也觉得有理，自己是英语口语培训学校，教学是优势，如果 APP 是免费自学服务，那么线上与线下就有脱钩之嫌，未来发展会很为难。最终，蔺总听取了妻子的意见，着手开发第一代的城市英语 APP。

以解决客户需求痛点为核心的理念，以收费教学为主的运营模式都已敲定，接下来还得考虑的是，这款软件是应该外包还是自主开发？

通常认为，如果是一个重运营的 APP，功能至上，那么可以选择外包；如果是一个重产品的 APP，用户体验至上，那么自主开发会比较贴合理念。蔺总认为，从经验上说，之前以客户为核心的经营管理行为屡试不爽，而那一次背离这一理念的行为却让自己摔得很惨。他吸取了教训，绝不在同一个地方跌倒，所以他毫不犹豫地选择了自主开发。技术方面，团队中有一位外籍技术总监——Clive 先生，Clive 先生有 8 年在中国从事英语教学工作的经验，同时更是一名有着 15 年软件开发经验的技术大师，中文也很好，不会给团队带来交流障碍。除此之外，客户当中也有许多 IT 大牛。无论从经验上还是技术上，都支持蔺总自主开发 APP，这样，他才能把握好自己的产品和用户体验，而不是外包出去生产出许多冷冰冰的功能出来。

该做的决策都已经尘埃落定，APP 的开发进程也就毫无阻力，经过长时间的努力，蔺氏教育的团队基本完成了第一代城市英语 APP 的设计和开发。

广大英语口语学习者的痛点我们已经了解，城市英语 APP 也致力于用最简单、最好玩、最有效的方法解决它。那么在最简单、最好玩、最有效的方法上城市英语都做出了哪些努力呢？先来看看最简单的方法：前面提到过，很多用户需要的课程与实际的课程不符，半年都上不到自己需要的课，先学再用的方式很困难，城市英语 APP 最简单的方法就是先用再学，用户可以自由选择最迫切需要或者最感兴趣的主题，先教会用户把自身已有知识和能力运用好，做到敢说、流利说，再学习新的知识，让学习过程变得简单。再来看看最好玩的方法：城市英语 APP 自创了 1 对 2 社交型课堂，一位老师，两位学员，可以两位客户 AA 制，也可以一位客户请客，两人共同上一堂互动课程，与你拼课的"同桌"可以是朋友，也可以是系统根据大数据推荐的陌生人，既有课前的社交界面及其引导文案，又有课后的分享页面及其引导文案，使课堂变得好玩有趣。最后看看最有效的方法：一次性付费提高了客户的反悔成本，使学习针对性下降，效率低。那么城市英语 APP 就采用单次付费模式，客户需要什么就学什么，需要什么时候学就什么时候学，不会受一次性付费课程安排的束缚，大大提高了效率。这虽然会损失部分学费收入，但长久来看是健康的，有效的。

虽然产品还未上线，但是蔺总很有信心，因为无论资本往哪个方向走，他都是坚持以客户需求痛点为核心来做这款产品的，过去的经验告诉他，一定会成功。

城市英语十年发展历程见表 3。

表 3                                              城市英语十年发展历程

| 时间 | 大事件 |
|---|---|
| 2005 | 城市英语开办小班教学服务,针对在英语口语方面有需求的各界人士,提供纯正英语口语教学。 |
| 2006 | ICS 外语频道与城市英语首次合作,在上海紫金山大酒店举行第一届城市英语毕业典礼。 |
| 2007 | 城市英语与希尔顿酒店集团共同迎新,成功举办双语新年派对。 |
| 2008 | 城市英语首次走进世界 500 强企业中国平安,举办了大型英语演讲比赛。 |
| 2009 | 城市英语赞助价值 20 万元的学习名额助力中国船长高尔夫俱乐部第 4 届上海高尔夫球明星赛。 |
| 2010 | 城市英语主办上海星尚频道协办绿色城市环保天裁秀。 |
| 2011 | 再度携手 ICS 外语频道,举办"城市英语感恩·付出·学习"主题演讲年会。 |
| 2012 | 城市英语成功收购著名美国在线英语教学机构"老外网",正式涉足在线教育领域。 |
| 2013 | 荷兰阿克苏诺贝尔集团等十余家外资企业牵手城市英语,成功举办 2013 年城市双语人才走进外资企业推荐会,获巨大成功。 |
| 2014 | 城市英语结合多年实体教学经验,并得到国外多家知名学术机构的支持,投资千万元打造"实体面授教学＋真人在线辅导"的纯正英语教学模式,全方位覆盖学员的学习需求。 |

资料来源:城市英语官网。

# 中国方舟融资决策的选择

胡曙光

站在大成大厦 17 层的落地窗前，面对天空云卷云舒，马蛰君却无心欣赏，在他看来，中国方舟项目虽然发展快，形势喜人，但现在最大的问题是资金的压力。中国方舟未来的路该怎么走？其融资方案该如何选择？

## 一、马蛰君与中国方舟

马蛰君博士是西姆集团董事长兼总裁。西姆集团有限公司成立于 1998 年，是一家民营股份制外向型企业，以国际工程技术总承包（EPC）、国际贸易和"走出去"信息技术研发服务为主导业务。近年来，西姆集团先后获得中国钢铁产品"走出去"十大影响力品牌、中国成套工程和机电产品AAA 级信用企业、大连市企业文化建设先进单位等多项殊荣。2013 年，西姆集团的全球营业额达 20 亿元。

大学期间，学习财贸专业的马蛰君坚持学习英语，"如果语言沟通不畅，那么贸易根本谈不上"，凭借这一理念，马蛰君的英语达到了同声传译水平。这一特长在马总（他更愿意别人称他为马博士）之后的"走出去"中，起到了不可估量的作用。

1987 年工作至今，马蛰君一直从事外贸工作，始终奋战在"走出去"第一线。"哪里有人，哪里就有市场"是马蛰君的信条，为了更好地实现自己的理想，马蛰君组建了自己的公司——大连西姆集团，然后到各个国家，一家一家地跑，缓慢而坚定地开拓市场，最终积淀形成了自己的海外资源。

马塾君的足迹遍布 129 个国家。其遍布世界的 1 000 多个网点的庞大线下队伍一开始只做集团自营业务，如有色金属进出口贸易、工程总包等。但这么庞大的资源只做自己集团的产品和业务，显然有些大材小用。

转机出现在 2013 年。这一年 8 月 15 日，辽宁省委常委、大连市委书记唐军同志在西姆集团调研时提出，希望西姆集团充分利用这些资源为中小企业搭建平台，带领中小企业"走出去"。

一开始，西姆只是单纯地为一家家企业牵线搭桥，确实促成了几项合作。两个月后，马博士算了一笔账："西姆集团总部 200 多人，如果这 200 多人只是使用传统方法天天见客人联系业务，那么一天不过能接触几百家企业，能受益的企业太少太少。"马塾君盘算，"要为所有的中小企业搭建平台，这个平台一定要具有公共性、大容量、不受时间地点限制等特点"，由此，马博士自然地想到了互联网。

谈及由传统贸易转变到互联网平台时，马博士表示除了学习外别无他法。整整一面墙的书柜中全是有关互联网的书籍，到世界各地参加互联网会议、沙龙……包括参加巴塞罗那的世界互联网领域顶级盛会 WMC，这些让马塾君改变了对世界的看法，"未来的世界一定是移动的世界，无处不联，所有的事情都会在移动中解决"。

2014 年在中国乌镇召开的首届世界互联网大会上，马博士有了更深的感悟，随着中国"一带一路"战略的实施，将会进入一个产业互联网发展的时代，传统产业拥抱互联网，互联网向传统产业倾斜，"互联网＋"将会给传统产业的未来带来无限生机。"我要做中国中小企业'走出去'产业互联网平台、公共服务平台。"马塾君在当选第四届全国非公有制经济人士优秀中国特色社会主义事业建设者，得到全国政协主席俞正声接见时，这样介绍自己。

强烈的责任感促使马博士不断思考、不断探索。在总结西姆集团"走出去"正反两方面经验的基础上，西姆开始了业务转型升级过程：进出口贸易—获得成套设备—工厂系统建设—工程总承包。这些年来，西姆在不断转型升级，在工程总承包的过程中，马博士就想能不能利用自己的经验为更多的中小企业服务，正好领导也提出了要搭建一个平台。现在已经进入了互联网时代，再用线下方式提供公共服务，不仅效率低，而且成本高，这是企业不愿也不能接受的。所以西姆在此基础上又延伸了一步，走到了产业互联网的这一步。西姆提出了中小企业"走出去"公共服务平台（中国方舟）的概念。2014 年 9 月，马博士在西安的大雁塔想出了中国方舟这个响亮的名字。

中国方舟是马塾君和西姆集团全力打造的新一代产业互联网。目前，方舟团队工作人员的平均年龄为 28 岁，学历都在大学本科以上。

## 二、中国方舟与工业产业园

改革开放以来，我国在各地建设了很多工业园区，这些工业园区在很大程度上促进了中国经济的发展，也形成了完善的管理体系，得到了全世界的认可，工业园区也成为我国经济发展的标杆和缩影。

伴随我国"走出去"步伐加快，国内工业园区的建设和运营经验开始向全球复制。我国境外合作区已从起步时期的孤立的、据点式的分布发展成目前的网络化、基地式布局，由点连成线，并辐射成面，影响力不断增大。

2014 年中国成为净资本输出国。截至 2015 年，中国的境外合作区有 118 个，分布在全球各大洲的 50 个国家和地区，其中通过商务部考核的国家级境外合作区有 13 个。此外，还有 25 个国家希望与中国合作建设 36 个境外合作区。目前，这些境外合作区已完成投资 77.6 亿美元，开发土地 292.4 平方公里，带动中资企业"走出去"2 204 家，带动中资企业对外投资 95.5 亿美元，园区的产值总和为 220.6 亿美元。[①]

这些工业园区主要有三种类型：一是生产加工型，如中国·埃及苏伊士经贸合作区。合作区起步区面积为 1.34 平方公里，目前累计投资约 1 亿美元，起步区已基本完成开发；扩展区面积为 6 平方公里，规划未来用 10 年时间分三期开发。截至 2014 年年底，合作区起步区共有制造型企业 32 家，协议投资额近 9 亿美元，其中绝大部分是中国企业。这不仅是一个工业园区，而且是一个生态化、生活化的高标准现代工业新城区。中国·埃及苏伊士经贸合作区是唯一一个以开发商身份进行园区开发建设的境外园区，也是境外合作运营比较成功的范例之一。二是农业生产型，如中国·印度尼西亚聚龙农业产业合作区。目前，该合作区的面积为 20 万公顷。除了种植 6 万

---

① 参见邹昊飞、段京新：《境外合作区利益共同体实践》，载《中国投资》，2015（7）。

余公顷的棕榈外，还建设了 3 家毛棕榈油压榨厂、1 家包装油公司、1 家物流公司。园区内，全产业链结构正在逐步形成。该合作区不但构建和完善了国家木本植物油保障体系，而且也为后来的民营企业海外创业提供了可借鉴的发展思路。三是商贸物流型，如中欧商贸物流合作园区，是中国企业进入欧洲的境外贸易服务平台。该园区规划总投资 2 亿欧元，占地面积为 0.75 平方公里，建筑面积为 47.95 万平方米。一期投资 4 000 万欧元，收购布达佩斯中国商品交易展示中心、切佩尔港物流园、德国不莱梅港物流园。二期计划投资 16 000 万欧元，建设中国商品会展推广中心、欧洲商品交易展示中心、商贸中心仓储物流园区综合体，2017 年全面建成中欧商贸物流合作园区。

中国方舟则与现在流行的产业园区不同。中国方舟有自己明确的建设时间表。一期三年的时间表是要在三年内完成中国"走出去"公共服务平台的建设，同时，也要完成四个垂直平台、专业平台的建设。首先是大连纺织服装平台和辽宁的产能合作装备制造业平台。方舟一期的目标很清楚，就是成为一个强大的产业互联网平台。方舟的路径是"互联网＋科技创新"、资本运作、装备制造业和"一带一路"。增加更多的社会就业，这就是方舟最大的价值。方舟二期要成为一个顶级的产业互联网平台，更多地注重金融与科技的力量，把"大众创业，万众创新"的生态系统逐渐打造出来。方舟三期要成为一个智慧的产业互联网平台，实现虚拟经济与实体经济相结合。

目前，方舟每天都在变化，每天都在改。如果方舟项目有 10 亿元资金，那么中国方舟能在 6 个月内就搭建出一个比较完美的平台。在中国方舟快速发展的同时，如任何新生事物发展一样，也遇到了发展瓶颈。西姆集团已经在短短两年时间内向中国方舟投入了近 1 亿元。但这些资金对规划宏大的中国方舟来说还远远不够。

### 三、中国方舟的历史机遇与问题

2014 年 4 月 10 日，全国工商联副主席庄聪生到方舟考察，其对中国方舟的评价是"想法很好很有创意，将来一定会实现的，又有一匹马要腾飞"。2014 年 6 月 27 日，中国方舟平台试运营。2014 年 10 月 1 日，中国方舟的官方名称正式诞生。27 日到 29 日，西姆集团去印度跟各个行业对接，还召开了一系列的方舟推介会，产生了非常大的影响。10 月 30 日辽宁省长陈求发在巴西举办了大型的方舟推介会，就石油、光伏、输变电等签了 9 亿多美元的合同。2014 年 11 月 19 日到 21 日，马塾君参加了中国第一次举办的世界级的互联网大会（2015 年乌镇世界互联网大会）。11 月 25 日马博士作为全国优秀社会主义建设者，向全国政协主席俞正声汇报了中国方舟的工作，他也鼓励马博士"好好干"。2014 年 12 月 28 日工信部总工程师朱宏任总工来方舟调研，他对中国方舟的概括是"方向正确，工作扎实，做事得力，有高度，契合国家发展战略"。2015 年 3 月 9 日，辽宁省发改委王金笛书记和于飞副主任，带队到国家发改委东北司、西部司汇报，汇报结束后国家发改委的同志讲，"现在我们抓'一带一路'正好没有抓手，你相当于送上门来了"。

2015 年 4 月 14 日，全国工商联副主席黄荣来调研并提出，"思路和前景非常好，也非常符合党中央国务院关于'一带一路''互联网＋'的规划"，他特别强调了"中国制造 2025"这一战略理念要在全联推行。西姆现在也在为大连搭一个永不落幕的服装节，就是服装纺织的垂直平台。2015 年 6 月 16 日，西姆去参加软交会，辽宁省长陈求发说，"你们办的这个平台很有特色，一定要带领我们辽宁装备制造业'走出去'"。

在试运行一年后，2015 年 6 月 27 日方舟平台正式上线向全球发布。简单地说，中国方舟就是"互联网＋产业走出去＋'一带一路'＋公共服务"。但马博士同时也表示，中国方舟提供的产品是还没有完全标准化的产品，中国方舟是刚成立的，还处在起步阶段，还需要各个方面的支持和帮助。

2015 年 7 月 30 日，丝路基金的金琦董事长在听取了方舟平台建设的汇报后，表示"丝路基金非常需要这样的平台，我才 60 个人，但国家给我很多任务和项目，我的人手是完成不了的。如果能把（方舟平台上）一些成熟的好项目筛选一下报给我，那么可能对辽宁的发展、'一带一路'的推进都比较好"。

2015 年 8 月 3 日，国家开发银行来调研，并表示："我们回去研究一下，方舟能不能以 PPP 的模式建，国开行象征性地注入一点资金，就把方舟上升到国家层面了，比较有利"。

### 四、中国方舟发展资金何处寻？

中小企业"走出去"公共服务平台（中国方舟）就是要引领中小企业的全球合作，推动中国企业"走出去"。中国方舟是以西姆集团的全球网络和线下销售队伍为基础的，为全国 7 000 万家中小企业"走出去"提供信息共享、融资担保、市场开拓、产品进出口、技术引进、对外投资、人才培训等多项服务。中国方舟未来会提供更多的标准化的公共服务。

中国方舟举办了巡回讲座，这些讲座的视频资料放在了方舟平台上，全国中小企业都可以免费使用。这样的讲座是中小企业所需要的，也是中国方舟公益性的体现。中国方舟要获得进一步的发展就需要资金，那么这些资金该由谁出呢？

**方案一：政府出引导资金，引导企业用方舟，改变传统的营销方式**

在考察方舟后，大连副市长曹爱华提出了方舟平台的一个建设模式，即省市共建，由于大连市在辽宁省属于计划单列市，辽宁省的一些政策享受不到，因而提出了这一概念。计划是中小企业局、省里和市里各拿 30%，企业自己拿 10%，各方的资金压力就小很多。一家企业在使用了方舟平台后，如果它的出口增长了，那么方舟愿意拿出服务费的 30% 来奖励它；如果它的出口增长了 100%，那么方舟愿意拿出服务费的 50% 来奖励它。如果有政府补贴，鼓励企业使用方舟，那么就会有越来越多的企业使用它，成本也会下降，这就是互联网经济。除此之外，如果企业盈利增长了，那么方舟还返给它 30%～50%。企业会觉得中国方舟是在为它创造价值。截至 2015 年 12 月，中国方舟与四个城市的中小企业服务中心（局）签署了《促进开展"中国方舟"业务战略合作协议》。

中国方舟要围绕"一带一路"在未来打造上万个工业经济贸易园区，这些园区都不是大园区，可能面积仅为 100 亩、200 亩，产业上下游几家企业就能构成一个园区，这就是方舟的独特之处。所以方舟能够在两三年以内为中国十万家具备条件的企业提供"走出去"的服务，如果每家投资 1 000 万元的话，那么方舟将会形成一个万亿规模的产业集群的中小型企业园区。注意，这里提出的是中小型企业园区，不仅是物理意义上的园区，而且在网上也会有若干的园区，中国方舟会在将来把这些都互联网化。

### 方案二：PPP 模式或混合经济所有制

中国方舟或许可以打造 PPP 模式和混合所有制经济的实验区。这个项目可以作为中小企业局在全国试点 PPP 的一个模式。中国方舟的建设是大胆改革创新的产物，需要宽松开放的成长环境，而且不同于传统的思维模式，它需要互联网思维，需要政治、金融界的有识之士的支持，需要大家的支持。中国方舟从辽宁开始试点，逐渐走向全国，甚至全球，这样才是有意义的。目前中国方舟分别与辽宁曙光汽车集团、丹东鑫兴碳素有限公司、宏光锂业股份有限公司、本溪矿业有限公司、辽宁腾达建筑有限公司、辽宁开普医疗系统有限公司、营口汽保平台、辽宁万成镁业集团、大族冠华公司、辽宁丰华实业有限公司、营口新窑耐耐火材料有限公司、辽宁科技大学工程技术有限公司、鞍山中新自动控制集团、鞍山碳素 14 家企业签订了战略合作框架协议。

中国方舟是真正的模式上和发展道路上的创新，而未来方舟会在技术上不断创新。因此方舟只能每天做很小的改动，但是每天都在变。中国方舟建设的总体规划是科学布局，分步实施，重点突破，小步快跑。方舟首先要和国内的商检海关、金融机构、税务机构互联互通，然后下一步要和"一带一路"国家互联互通。合作共赢就是中国国内的产业和国外的产业合作共赢，绝对不是单纯地卖产品、抢市场。

### 方案三：中外合资或合作模式

2015 年 7 月 18 日美国梧桐花旗的焦博士要来投资，他是斯坦福大学双学位的博士，在风投圈子里很有影响力。7 月 28 日谷歌大中华区的白总也来调研，谷歌也非常看好这个平台，想与中国方舟进行深度战略合作。将来中国方舟上市，西姆集团只要 1％的股份，剩下 99％给全球合伙人。方舟采用全球合伙人制度，这就意味着这个项目是全球的，是共享的全球合作平台。但是企业经营决策权一定是西姆的，只有有更优秀的人替代西姆时，西姆才愿意让出来。

外国有很多基金想要投资方舟，但是西姆拒绝了，因为要保证国家经济安全，信息安全。方舟需要方方面面的理解和支持。方舟的愿景就是引领全球中小企业发展，创造就业。"看着世界地图做企业，沿着'一带一路''走出去'"将是中国企业未来发展的新常态。中国方舟的市场就是"一带一路"沿线国家。"一带一路"沿线共有 65 个国家、44 亿人口，约占全球 70 亿人口的 63%。

### 方案四：从银行贷款

银行比较重视贷款企业的资产。但中国方舟是一个轻资产项目，是融合了"互联网＋"与传统产业的产业互联网平台，其优势在于技术、渠道、信息和线上线下服务。因此这种轻资产企业在没有足够的担保的情况下获得银行信贷也是比较困难的。

### 方案五：债券融资

作为一家民营企业，西姆集团如果想要为中国方舟项目进行债券融资，那么就需要经过一系列的申请、评估和审批。手续烦琐不说，单就所需要的时间，就是方舟所等待不起的。

面对多种方案，马蛰君在沉思，选择哪一种方案才更有利于中国方舟的发展？这些方案有没有改进的余地？还有没有别的路可走？面对无数的可能，马博士还在思索，但有一点他是可以肯定的："明天的路上也许会有鲜花、坎坷或者荆棘，这我不知道，但我知道我们会一直走到底"。

**图书在版编目（CIP）数据**

中国中小企业国际合作案例/中国人民大学中小企业国际合作案例中心主编. —北京：中国人民大学出版社，2016.10

ISBN 978-7-300-23269-0

I. ①中⋯ II. ①中⋯ III. ①中小企业-国际合作-经济合作-案例-中国 IV. ①F279.243

中国版本图书馆 CIP 数据核字（2016）第 185478 号

**中国中小企业国际合作案例**

主编　中国人民大学中小企业国际合作案例中心

Zhongguo Zhongxiao Qiye Guoji Hezuo Anli

| | | |
|---|---|---|
| **出版发行** | 中国人民大学出版社 | |
| **社　　址** | 北京中关村大街 31 号 | **邮政编码**　100080 |
| **电　　话** | 010 - 62511242（总编室） | 010 - 62511770（质管部） |
| | 010 - 82501766（邮购部） | 010 - 62514148（门市部） |
| | 010 - 62515195（发行公司） | 010 - 62515275（盗版举报） |
| **网　　址** | http://www.crup.com.cn | |
| | http://www.ttrnet.com（人大教研网） | |
| **经　　销** | 新华书店 | |
| **印　　刷** | 北京东君印刷有限公司 | |
| **规　　格** | 170 mm×240 mm　16 开本 | **版　次**　2016 年 10 月第 1 版 |
| **印　　张** | 9　插页 1 | **印　次**　2016 年 10 月第 1 次印刷 |
| **字　　数** | 139 000 | **定　价**　38.00 元 |